前川喜平が
語る、考える。

学ぶことと育つこと、
在日とアイデンティティー、
あなたと私。

本の泉社

前川喜平が語る、考える。

学ぶことと育つこと、在日とアイデンティティー、あなたと私。

〈目次〉

1　学ぶこと、人間になること、生きること
対談者　山田洋次（映画監督）……5

2　〝忖度ファシズム〟の中の教育、日本
対談者　堀尾輝久（元日本教育学会会長）……63

3　すべての人に「学習権」の保障を
対談者　山本健慈（前和歌山大学学長）……121

4　子どもの学習権保障は憲法の大前提
対談者　木村泰子（元大阪市立大空小学校校長）……141

5　多文化・多民族の共生でこそ持続可能社会ができる
インタビュー　高賛侑（ノンフィクション作家）……195

あとがきに代えて……237

前川喜平
（まえかわ・きへい）

一九五五年生まれ、七九年文部省（現文部科学省）入省。元文部科学事務次官。加計学園の獣医学部新設を巡って、「総理の意向」を示す文科省の文書を「あったものをなかったことにはできない。公正公平であるべき行政のあり方が歪められた」と発言。退官後、厚木市と福島市で自主夜間中学の講師として活動。著書に寺脇研氏との対談『これからの日本、これからの教育』（ちくま新書）、『面従腹背』（毎日新聞出版）、『前川喜平「官」を語る』（宝島社）など。

1

学ぶこと、人間になること、生きること

前川喜平×山田洋次

山田洋次
（やまだ・ようじ）

一九三一年生まれ、映画監督、脚本家、演出家。文化功労者、日本芸術院会員。東京大学法学部卒業後、川島雄三、野村芳太郎の助監督を経て、一九六一年に『二階の他人』でデビュー。『男はつらいよ』シリーズ、最近作に『妻よ薔薇のように　家族はつらいよⅢ』など。著書に『山田洋次作品集』（全八巻、立風書房）、『息子、家族』（岩波書店　同時代ライブラリー）、『学校』（同）、『寅さんの教育論』（岩波ブックレット）、『寅さんの学校論』（同）など。

学ぶ意欲にあふれる夜間中学

前川　この機会にＤＶＤで『学校』を見てきました。以前、テレビで放送されたのを見たと思うんですけれど、あの映画を撮られたのは一九九三年でしたね。そのときの東京の夜間中学の様子がよく分かるなあと思いました。もともと夜間中学でいろいろ仕事をされた方の実話を基にしていらっしゃるんだと思うんですけど。

山田　『学校』を企画したのはかなり昔なんですよ。しばらく寝せてたんです。一〇年以上だったかな。

前川　そうですか。

山田　なかなか実現できなくて。つまり夜の中学校で勤労者が勉強しているなんてまったく地味な話でしょう。会社の企画にならないんです。（シナリオが広

げられる）これがあの時代の台本です、学校シリーズの。これがⅡ、Ⅲ、これがⅣ。

　廣澤榮さんという先輩の脚本家があるとき僕のところに来て、「夜間中学を調べているんだけど、君が映画にしてくれませんか」と言うんです。最初はあまり乗り気になれなかった。昔から「夜学」という言葉があるけど、何も知らないぼくは「夜学」の話なんてパッとしないな、と思った。ところが何ヵ月かしてその廣澤さんが分厚いスクラップブックを持ってきて、「これが夜間中学です」と言って見せてくれた。荒川九中という学校の卒業式の写真でし

た。講堂に大勢の制服の中学生がいて、そのまん中に一五、六人の大人がいるんです。背広姿、着物のおばさん、白髪の頭のおじさんもいる。ちょっと不思議な卒業写真でした。

「このまん中にいるのが夜間中学の卒業生たちです」と廣澤さんが愛おしそうに目を細めて言う。その一人ひとりが昼間どんな仕事をしているのか、という紹介の写真もあるんです。町工場で働いていたり、清掃の車の助手だったり、なかにはスナックの女給さんがいたりする。ぼくはその写真にとても心引かれて「じゃあ、ぼくを連れて行ってください」と言いました。そして訪れたのです、夜間中学を。驚いたのは教室の雰囲気が明るいことでした。生徒たちがじつに楽しそうに勉強しているんです。もう三十数年昔のことですから、今とは違うでしょうけどね。

前川　夜間中学というところは学びたい人しか来ないので、みんな意欲に溢れているんですよね。私もいくつか夜間中学を見に行ったことがありますけど、夜間中学はほぼ昼間の中学校に付属するかたちでつくられているんです。それで、学校によっては昼間の生徒と夜の生徒との交流とか、昼間の生徒が夜の教室をのぞきに来たりとか、見学したりということをやっています。昼間の中学生が夜の教室を見学するとどういう感想を抱くかというと、みんながうれしそうに勉強しているので驚いたと言う。昼間の生徒たちは勉強するのがうれしくないわけです。いやいや勉強している。ところが、夜の教室へ行くと、みんなうれしくてしようがないという顔をして勉強している。それがものすごく衝撃らしいんです。

本当は昼間の中学校もそうならなければいけないんですけれど、夜の教室を見学すると、昼間の中学生も学ぶことの本当の意味というのが分かると思うんですね。学ぶということはこれだけ人間にとって楽しくてうれしいことなんだということを、昼間の生徒が、ふだんはいやいややっているんだけれど、ものすごく大事なことをやっているんだなということが分かる。だから夜間学級が同じ中学校にあるということは、昼間の中学生にとっても非常にいいと思うんですよ。

山田　教員室も明るいんですよ。その当時から教員室というのは暗くて静かで、校長というのは階級が上の人、教頭がいて、管理社会みたいになっている。なんで教員室ってこんなに重苦しいんだろうと思ったんだけれども、夜間中学はそうじゃないんですよ。ちょうど劇団の事務所みたいに、生き生きとしている。

荒川九中は、五時過ぎになると生徒が登校してくる。「こんばんは」って入ってくるわけです。五〇人ぐらいだから、全員の名札があって、登校してくると自分の名札をひっくり返すんですよ。先生たちは、「そのときに生徒を見るんですよ」と言います。調子悪そうだなとか、今日も元気だなとか。あいつ休んでいたけど、今日は来たなとか、そういうふうにして毎日ちゃんと先生は生徒たちを見ている。そういう学校でしたね。教室で勉強するのがおもしろいし、先生も教えるのが楽しくてしようがないという感じで。

前川　学びたくてしようがない人に教えるんだから、それは楽しいだろうと思いますよ。あの映画の中でも黒井先生（西田敏行）が異動を断りますよね。夜間中学の先生ってやはりそうやって夜間中学で教えるのが楽しいって言って……。

山田　今でもそうですかね。

前川　夜間中学から夜間中学へ異動するケースが多いですね。人事管理上とかいって無理やり昼間の中学校へ配置転換したりということは起こるんですけど、それをやるとやはりうまくいかないですね。夜間中学の先生は夜間中学で教えたいんだという非常に強い意欲を持っている人が多いですから。

中学校といっても、もともと便宜的に中学校の二部授業の形式を取っているだけであって、実際にやっている中身は、それこそ識字教育から始めたり、あるいは日本語教育から始めるわけですから、中学校といっても、小学校一年生の段階から積み上げていく学びです。だから、中学校の先生だから昼間も夜も同じだろうとはいかないんです。

山田　それは違いますよね。

三八一の生活基本漢字

前川　黒井先生のモデルはいろいろいらっしゃると思うんですけれど、その一人だと言われている見城（慶和）さんという先生がいらっしゃいます。あの方とは何度もお会いしているんですけど、国語の先生ですが夜間中学の生徒のために、いろいろ独自のカリキュラムや教材もつくられてきました。その中に生活基本漢字というのがあります。文部科学省が小学校で教えなさいと決めている、いわゆる教育漢字は一千字ぐらいあるんですけれど、その中には大人が日常的には使わない漢字もたくさんあります。大人が最初に字を学ぶときに、どういう字から学ぶべきかというと、日常的によく使う字から学ぶ。そうすると、画数が少ないから最初に学ぶというのではなくて、画数が多い漢字でも必要な漢字があるわけですね。そういう漢字を全部引っ張り出してまとめてみると、三八一文字あったというんです。これを生活基本漢字といって、その中には例えば、四七都道府県の名前が全部入っているんです。岐阜県の「岐阜」とか、愛媛県の「媛」とか。

山田　難しい字だ。

前川　ええ、画数が多いし、都道府県名以外では使わない漢字なんですけど、でも都道府県名は覚えておかないと、日常生活に支障が出る。

山田　あと病院の外科とかね。

前川　そうですね。病院へはみんな行きますからね。覚えなきゃいけない。なぜこれがゲなのかと。一方で小学校の低学年で学ぶような漢字でも、とりあえず大人の日常生活には必要ないというものは省いてあるんですね。例えば、汽車の汽という字です。あれは汽車、汽船、汽笛ぐらいでしか使わない。日常生活ではほとんど使わないんです。それで、汽車の汽という字は後回しになっている。そういう格好で、カリキュラムも手づくりされています。

全国に夜間中学が今三一校ありますけれど、教育委員会の方針によっては、昼間の中学校といっしょに人事異動させるというケースもあるようです。あの映画では黒井さんが「いやだ」と言うとそれで済んでしまうわけですけれど、済まないケースがたくさんあって、それで夜間中学がうまくいかなくなってしまっているというところも出てきています。

文部科学省もずうっと長い間、非常に冷たい対応していたわけです。あの映画の時代も、あえてつぶそうとはしないけれども、まったく支援もしない。義務教育費国庫負担金というのは普通に出しますが、それ以上のことは何もしない。夜の学校を望んでいる人たちのためにもっとつくろうなんていうことはまったく考えていなかったんですね。

山田 いわば黙認というか……。

前川 ええ。

山田 それはお役所らしからぬ粋な計らいですか。僕はあのころそう思いましたが……。

前川 粋な計らいと言えば、粋な計らいですけれど……。

山田 本来なら認められないわけでしょう、義務教育を夜やるのは。

前川　そうですね。でも、粋とまでいい言葉で表現できるか。要するに……。

山田　（笑）法にも情けありというけれど。

前川　放ったらかしにしていたというのが正しいですね。黙認、あるいは放ったらかし。何の支援もしないけれども、あえてつぶそうともしない。自治体レベルでやるんだったらどうぞ、みたいなかたちですね。

山田　ああ。

前川　あえてつぶそうとはしないとは言っても、実は一度つぶそうとしたことがあるんですよ。これは一九六六年なんですけれど、当時の行政管理庁という役所が、もう夜間中学は役割を終えたからつぶせと、行政監察に基づく勧告というのを出したことがあるんです。その当時の夜間中学というのは学校数も今よりも少なくなっていて、二〇校ぐらいになっていました。二〇校を合わせても生徒数が五〇〇人いないというところまで落ち込んでいました。なぜかと言うと、夜間中学というのは昭和二〇年代に最初にできたときというのは、昼間の中学校に行けない学齢期の子ども、一五歳までの子どもが対象だったんですね。

山田　そうみたいですね。

前川　ところがそういう子どもはどんどん減っていったんです。それで六〇年代の後半になると、消滅寸前になっていく。それでこういう子どものための学校はいらないでしょうというので廃止勧告があったわけです。しかしそのころには、学齢期でない大人も入るようになってきたわけです。髙野雅夫という人がいて……。

山田　いましたね。

前川　この人も荒川九中……。

山田　そうです。

夜間中学を求めて主にオモニが

前川　卒業生だった。この人が夜間中学の火を消すなと、自分たちで『夜間中学生』という記録映画をつくって、それを上映しながら、夜間中学は必要だと全国を歩かれたんですね。これが大きな転機になった。大阪で、髙野さんの話を聞いた人たちが私たちも勉強したいと言い始めたんです。それは主にオモニ（笑）でした。

山田　天王寺の夜間中学ですね。

前川　ええ。あれが一つの大きな転機ですね。夜間中学を当時の文科省はつぶそうと思っていたのに、続々と新しくでき始めちゃった。それで、調子が狂ったという感じで、できてしまうものをやめろとはなかなか言えないというので、放置していました。その間にいろいろな人が入るようになってきて……。

山田　そうか、できるものをだめだと怖い顔をして言えないわけですね。

前川　それは言えないですよ。今まで黙認していたものが、あれよあれよという間に生徒が増えてしまった。学校数も三十数校まで増えました。そして、新しい役割も抱え込むようになりました。『学校』の中にも登場しますけれども、中国からの引揚者ですね。それから不登校の人たちが入るようになった。それが新しい学習需要として生まれてきたんですね。それで夜間中学の生徒がまた増えた。

山田　ただあのころ、不登校でも卒業証書は出てしまう。すると夜間中学に来られない。来たくても来られないという……。

前川　よくご存じですね。そうなんです。

山田　それはとても大きな矛盾としてあったわけですね。

前川　ありました。これは本当にアイロニカルな話なんですけれど、一九八〇年代に不登校が社会問題になって、不登校の子どもがどんどん増えていった時期がありました。そのころは登校拒否と言っていましたが。

山田　そうそう、登校拒否。

前川　あの映画の中でも登校拒否という言葉を使っていますが、その登校拒否の子どもたちをどうするかというのが一つの政策課題になったわけです。今は学校の外で学ぶことを認めていこうという方向になっていますが、これはごく最近の話で、あのころは文科省も教育委員会も学校も、とにかく学校へ戻すことばかり考えていたわけです。

山田　学校に全然来なくても卒業証書を出すという方針まであったわけですか。出していいというか。

前川　最初は人道的な配慮だったんですね。学校に全然来ない子どもに対しては、一五歳になると、それまでは除籍処分をしていたんです。学校の学籍をなくしてしまう。もう学校に来なくていいんだよということにした。義務教育というのは一五歳までの教育というのが定義ですから……。

山田　ああそうか。

前川　一五歳を超えたら、義務教育でなくなっちゃうんですね。

山田　なるほどね。

前川　それで、もう学校に来る義務がないんだから、もう来なくてよろしいということにした。本当は学ぶ権利というのがあるわけですから、来なくてよろしいというのは、おかしな話なんです。そう言われたとたんに学ぶ場所がなくなってしまうわけですから。そのまま中卒資格すらないというかたちで放り出されることになる。これは人道的に問題ではないか。そういう問題が起きたんです。それで一九八〇年代の終わりころに、文部省が不登校の生徒にも卒業証書を出しなさいという指導をしたんです。

山田　やはりそういうのが方針としてちゃんとあったんだ。

前川　それで政策的に卒業証書が出るようになってしまったんです。ところが今度は逆に、卒業証書を出してしまうと中学校にはもう入れませんとなった。これは、法律にはどこにも書いていないんです。ところが、みんなが当たり前のようにそう思っていた。中学校の卒業証書を持っている人はもう一度中学に入ることができないというのは、単なる行政上の取り扱いに過ぎなくて、法律には何の定めもないんです。

山田　そうか。

前川　法律上は許されている。

山田　みんなどんどん行けばよかったんだ。

前川　ところが、当時の文科省もそれはそうでしょうということで、卒業証書を持っている人は夜間中学に入れない。一九九〇年ごろを境に卒業証書をもらってしまった子どもは、夜間中学にも入れないということで、一時期不登校の子どもたちが夜間中学にはたくさんいたにもかかわらず、全部シャットアウトされてしまった。その後二十数年の間、形式卒業者、つまり学校に行っていなかったのに卒業証書だけもらったという人たちが夜間中学にも入れないという事態がずっと続いていたわけです。

山田　そうですか。

形式卒業者にも扉が開かれて

前川　三年前に、文科省が前非を悔いたと言いますか（笑）、方針を変えたんですよ。

山田　そうらしいですね。それを聞いてびっくりしたんですよ。文科省がどうしてそんないいことをするのか（笑）。

前川　いいことって、当たり前のことをしていなかったわけで……。

山田　前川さんみたいな人がいたのかなと思った（笑）。

前川　私も多少は、そちらの方向で動いていたんですけれど、これはやはり関係者の努力のたまものなんです。

山田　やっぱりね。

前川　夜間中学の関係者の人たち、今話題に出た見城さんなんかも含めて、夜間中学の関係者でつくっている全国夜間中学校研究会というのがありますけれど、そういう団体が一生懸命働きかけをしてきたんです。一つ転機になったのは、日弁連に人権救済の申し立てをして、日弁連が本気になって調査をし、報告書をつくっているんです。これが、いってみれば、理論武装になった。これは当然の権利なんだという考え方で、文科省よりも政治家を攻めたんですね。これが作戦的によかったと私は思います。

山田　衆議院でそういうことが問題になったということですね。政治家を攻めればいいんですか、そういうときは……。

前川　やはり、役人は政治家に弱いですから。だから、役所を動かそうと思ったら、政治家を動かすのがいいと思いますよ。しかも、彼らの賢かったのは超党派で、自民党から共産党まですべての党派の政治家に働きかけをして、自民党の中にもそうだねという人が出てきたわけです。

山田　そうらしいですね。

前川　その中でも中心的な人物だった（と過去形で言う必要はないんですけれども）のが馳浩《はせひろし》という人なんですよ。私を事務次官にした大臣ですが、この人とはけっこう相性が良くて……、元プロレスラーなんです。

山田　へええ。

前川　プロレスラーの前にはアマチュアのレスリングをやっていて、ロスアンゼルスオリンピックにも出ています。

山田　スポーツマンなんだ。

前川　母校である石川県にある星稜高校という私立の高校、ジャイアンツの松井秀喜選手なども出たスポーツで有名な学校です。そこの教員だったたんです。

山田　教員から代議士になったたんですか。

前川　ええ、そうなんです。石川県でいちばん力のある政治家といったら森喜朗さんですが……。

山田　ああ、あの人が……。

前川　森さんにスカウトされて参議院議員になり、その後、衆議院議員になったんですが、考えていることは森さんとは相当違います。馳さんはレスリングやっていたんですが、高校の先生としては国語、古文と漢文の先生なんです。ですから、私の知らないような源氏物語の一節を口ずさんだりする。見かけによらず教養人なんです(笑)。こんなことを言うと怒られるかもしれないけれど(笑)。

こういう人が中心になって、夜間中学をもっと支援すべきだと超党派の議員連盟を盛り上げてくれたんです。役所も超党派議員連盟で方針を立てたことについては、すんなりと実行できる。

山田　そういうものがあるんですか。

前川　あるんです。正式な名前は……。

山田　夜間中学をテーマにして、そのための議員連盟ということですか。

前川　そうです。夜間中学等義務教育拡充議員連盟という名前です。二〇一四年にできたのですが、これが大きかったと思うんです。

山田　馳さんが中心になって働きかけたということですか。

前川　超党派ですから、どの党派にも夜間中学を大事にしていこうという人たちはいたんですけれど、馳さんが議員連盟の会長をされていて、夜間中学関係者が望んでいる政策をどんどん打ち出していこう、夜間中学の設置促進のための法律をつくろうという動きをされたんです。私はちょうどそのころ初等中等教育局長、小学校や中学校の義務教育を担当する局長でした。私はずうっと以前から夜間中学のような存在が非常に大事だなと思っていたんです。政府の仕事というのはすべての人が学べるような条件をつくるということのはずなのに……。

山田　一人残らずとどこかでおっしゃっていましたね。

前川　ところが、そこからこぼれ落ちている人がたくさんいて、それを放ったらかしにしている。夜間中学があるのは黙認はしているけれど、黙認しているだけであって、それをちゃんと整備して全国的に学べる機会をちゃんとつくっていくという政策をまったくとっていなかったわけです。既存の、非常に型にはまった学校というものがあるけれども、そこに来なければいけない、ここに来ないものはもう放ったらし、という考え方だったです。それを転換する非常にいいチャンスだと思ったわけです。それで馳さんたちといっしょになって、法案づくりをしましたし、先ほど出ました形式卒業者の門前払いという取り扱いを変えようということで、これは通知一本ですむ話なんですね、それをずうっと長い間出さなかったんです。

山田 そうなんですか。

前川 それで、文科省はやっとその通知を出した。

山田 ぼくは歴史的な事件だと思いますよ。

前川 当たり前のことをしていなかった方が問題なんですね。本当にその間、学びたかったのに学べなかった、夜間中学に入れなかった人たちの思いを考えると、本当に申し訳なかったと思っているんです。

山田 なるほどね。

文科省に「夜間中学に入ろう」のポスター

前川　私は三八年間も文部省・文部科学省におりましたので、やっとその最後の数年で、少し宿題を返したという感じがありました。

山田　やはり、一生懸命やったんだな。松崎さんとかそういう先生たちがね。

前川　そうですね。松崎運之助《みちのすけ》さんとか、高野さんといっしょに映画をつくったツカ……。

山田　塚原さん？

前川　そうです。ああいう方たちが一生懸命やられた。本当は塚原さんにも今文部科学省は変わりましたよというのを見せてあげたかったですね。

山田　そうですねえ。

前川　やっと変わったんですよ。今はもう夜間中学の設置を促進するための係も文科省の中にありますし、「夜間中学に入りましょう」というポスターを文科省がつくっているんですから。やっとこさという感じはしますけど、よく変わったなと。

でもやっぱり夜間中学に関して映像の力が大きいと思ったのは、髙野さんが『夜間中学生』というドキュメント映画をつくって全国を回った。これがきっかけになって、夜間中学に入りたいという人が増えたことです。

山田　ええ、そうですね。

前川　これが一九七〇年ころの話です。それと、山田さんの『学校』シリーズのインパクトも非常に大きかったですね。九〇年代に夜間中学の生徒が急に増えているんです。このころの夜間中学生というと、ちょうどあの映画で描かれている在日の女性も多かったですね。

山田　オモニがね。

前川　それから中国引揚者とその家族。さらに不登校の子どもたち。今また増えています。あとは、昼間の学校にじゅうぶん行けなかった子たちですね。そして、かなりの年齢なんだけれども、学校に行かなかった、行けなかった非識字者。映画では田中邦衛さんが演られていたイノさんがまさにそうですね。私、あのイノさんと同じような境遇の人に……今、私がボランティアでやっている自主夜間中学が厚木にあるんです。

山田　厚木でやってらっしゃるの。

前川　そこでお目にかかりました。

山田　年配の人？

前川　はい、もう七〇代の男性です。お話を伺うと、出身は鹿児島県の出水《いずみ》というところで、小さいころにご両親が亡くなって、知人かだれか大人に養ってもらったんだけれども、学校には行かせてもらえなかったんです。それこそ、水くみ、薪割り、子守りという生活を繰り返していた。それで、一定の年齢になったときに、その家を飛び出して炭坑で働いたというんです。けれども炭坑が閉山になり、先輩に連れられて都会に出てきた。一日たりとも学校へ行ったことがないというんです。

山田　一日も？

前川　ええ。私がその方についていっしょに勉強したときには、すでにある程度の字は書けるようになっていました。私が行っているのは、「あつぎえんぴつの会」というんですけど、「えんぴつの会」というのは見城さんが東京で始めた会で、「あつぎえんぴつの会」というのはその弟か妹かにあたるものなんですよ。そこに初めて彼が来たときには、鉛筆の持ち方も知らなかったというんです。それを、こうやって持つんだと教えたというんです。そうやってひらがな、カタカナが読み書きできるようになって、私がいっしょに学んでいたときには小学校の低学年ぐらいの漢字を勉強していました。一生懸命、ここは止めるとか、はねるとかやりながら、勉強していたんです。

そうしたらあるとき、ペットボトルのお茶を持ってきて、ペットボトルのラベルに書いてある「この字が書きたい」というんです。そこには「綾鷹」と書いてあったんですよ。

山田　ああ、ありますね。難しい字だ。

前川　難しい字なんですよ。隣に「あやたか」とひらがなも書いてある。「この字を書きたい」と。その字を書くことに実利的な利益は何もないんですけど、こんな字を書きたいということですね。それで一生懸命、「糸偏でしょう」とかとやりながらやっていたんです。でも、糸偏というのは糸という複雑な字を縦長に書かなければいけないでしょう。これはなかなか難しいんです。糸偏を書いているうちに、偏ではなくて糸そのものの字になっちゃうんですね。

山田　そうか、縦長っていうのは難しいんだ。

前川　その右側につくりを書くわけですから、右側にどんどんどんどん膨れていくんです。だから綾という字が一マスに入らなくて、二マス使ってしまうんですね。横に長い字になるんです。鷹という字はこれはまた縦に長い字なんですよ。鷹という字は中に鳥という字が入っているんですから。鳥という字自体が縦に長い字ですから、それを含めて一マスに鷹という字を書くのはこれまた至難の業です。だから鷹という字を書いているうちにどんどん下に伸びていって、鷹という字は縦に二マスを使ってしまうんです。だから綾という字は横に二マス、鷹という字は縦に二マス。

山田　縮めるというのは難しいんだ。

前川　これは難しいです。だけど、それはあとの課題として。でも綾という字と鷹という字を書けたということで。

山田　うれしい。

前川　うれしんです。非常に喜んでいました。こんな字が書けたということですね。

母という字の点々は涙と考えて

山田 松崎さんに聞いた話ですけど、カーブが難しいんですってね。だから、父という字はちょんちょんに×で、これでちゃんと分かる。だけれど、母は難しい、曲がらなければいけないから。「それ、どれぐらい曲がるんですか」「いや、どれぐらいってだいたい……」「だいたいっていいのは分からん」と言って、難しい。こうしてこうして横に棒を引っ張る。で、ちょんちょん。これが母と言ったら、「先生、ちょんちょんって何です」ってオモニが聞くんですって。「これはお母さんのおっぱいと思えばいいんじゃない」と言ったら、そのオモニが「先生、なんです。教室でおっぱいなんて下品なことを」と(笑)。「すいません。じゃあ、どう考えればいいの?」と言ったら、「先生な、おっぱいじゃなくて、母ちゃんの涙って考えなさい」って。

前川 ほう。

山田 「お母さんの涙」とその母親みたいな生徒が言うんだって。ああそうだね、と思ったというんですね。そういうのが毎回の授業だというんです。

前川　いいこと言いますね。

山田　でも、「綾」は大変だなあ。

前川　夜間中学は、その方に限らずいろんな方と接触する機会があり、その人生から学ぶことは多いですね。

山田　そうでしょうね。

前川　この「あつぎえんぴつの会」も八〇代の方が何人かいらっしゃるんですけど、おひと方は東京大空襲を経験者なんですよ。

山田　それはいるでしょうね。

前川　もうひと方は富山の空襲を経験していらっしゃる。こちらは女性なんです。東京大空襲を経験した方は男性ですが、学校が避難所になっていた。みんな学校に避難したんだけれど、学校が丸焼けになってみんな死んじゃった。自分は学校に避難しなかったので助かった。「だから避難所だからといって、安心してはいけないんだ。これは今の災害でも同じことが言えると思うよ」とおっしゃっていましたね。それから国民学校の日常についても教えてもらったりしているんです。学校に登校するとまず奉安殿の前へ行ってお辞儀をする。

山田　そうそう、奉安殿ね。ぼくも知ってます。

前川　そうですか。紀元節のときの儀式はどんなものだったかとか、そういうリアルな話を教えてもらいました。

山田　「朕惟うに」と聞いた方ですから。「わが皇祖皇宗……」と。

前川　そうですか。今、教育勅語を復活させるという人たちが出てきたので、とんでもない話だと思っているんですけどね。自分で聞いたこともないのに。

山田　ほんとに。ほとんど知らないんじゃないですか。

前川　私と同じか私よりも下の年代の人が、政治家の中にたくさんいるんですね。とんでもないことが起きていると思っています。

山田　「一旦緩急あれば」という。要するに天皇のために死ねといっている。そういう勅語のどこを学ばなければいけないのかということです。

前川　そこは危ないと思いますね。ですから、この四月から教科書を使った道徳の授業が始まってしまったんですが、危ないと思います。今までは教材は何を使ってもいいよということだったんですが……。

山田　そうだったんですか。

前川　ええ。学習についても、学習成果を評価するということはしません、と。

山田　道徳は。

前川　ええ。道徳はそういう時間だったんです。もともと戦後、修身が廃止されて、そのあと道徳の時間というのはなかったわけですけれど、岸内閣のとき、一九五八年に始まります。私も学校で道徳の授業がありましたけれど、教科書もないし、成績の評価もしないという時間だったので、ある意味でのびのびとやっていました。ところがこの四月から教科書を使いなさい、それから学習成果を評価しなさいということになってしまったわけです。今この道徳教育を進めようとしている政治家たちの基本的な考え方は教育勅語です。そういう人たちが権力を握ってしまったので、非常に危ないと思っているんです。

山田　それでいい人間というか、魅力的な、創造的な、美しい人間ができると本気で思うんでしょうかね。

前川　思っているんでしょうね。

山田　そんなはずないですよ。絶対そんなことないです。

前川　例えば、学校であれば、一糸乱れず統率の取れた行動をする、そういう人間がいい人間だと。

山田　うまいこと返事をする。内心はどうでもいい。うわべはこういうことを言っておけばいいという要領のいい子どもたちが増えていくんじゃないでしょうかね。

前川　増えていくと思いますよ。このまま行くと非常に危ないと思っています。

山田　小利口な人間。

前川　私はこの映画『学校』で描かれているような夜間中学がいちばん学校らしい学校だと思っています。どこが学校らしい学校かと言うと、多様性があるということですね。一人ひとり個性を持っている。本当に一人ひとりそれぞれ違いますね。バックグラウンドが違います。年齢も国籍も性別も、それぞれが生きてきたそれまでの人生も千差万別。でも学びたいという気持ちはいっしょという、そういう多様な人たちの多様性を全部包み込むような空間として、学校というものはあるべきだと思うんです。

ところが、これは明治以来の話かもしれませんけれども、学校というのはどうしても右へ倣え、前へ進めといって、みんないっしょに行動させるという考え方でずっと運営されてきた。未だに日本の学校にはそういう軍隊式のものが残っています。

山田　明るくて、素直で、礼儀正しくて、それがいい子。だから、寅さんは絶対はまらないです。行儀は悪い、しょっちゅうケンカする、ひねくれているしね。それも可愛い子どもなんだ、人間なんだということをどうして受けとめられないのかと僕なんか思うんですよね。

「そういうことをせんのが寅のええとこ」

前川　そうですよね。寅さんの映画はずいぶん見せていただきました。寅さんの映画を見ていると、人間っていいなっていう、人間の善意とか誠意とか良心とか、そういうものを信じられるなという気持ちにしてくれますね。

人間というのはだれだって、良い心と悪い心を持っているじゃないですか。小さいころに見たアメリカのアニメなんか、主人公が悪いことをしようか、良いことをしようかと迷うときに、こっちに天使、そっちに悪魔が出てきて、天使と悪魔とが引っ張り合うというシーンが出てきたりする。それを時々思い出すんです。人間ってやはり悪魔の心と……。

山田　卑しい気持ちがあるし。

前川　だれでも持ってますよね。

山田　そうですよ。

前川　でもそっちばかり見るのか、それともみんなだれだって善意とか、良心とか持っているんだと、そっちをちゃんと見ようとするか、でですね、世の中は見え方は全然変わってくるんだと思うんです。

山田　四〇年近く前の話ですが、大阪の天王寺の映画館で、寅さんの『あじさいの恋』という作品を上演したんです。その後で大阪へ行ったら、天王寺松竹という映画館でしたが、その支配人が「山田さん、あんたはえらい写真……」、僕らは映画のことを写真って言ってたんです……。

前川　活動写真。

山田　ええ。で、その支配人が「……写真つくりはったなあ」と言うから、「なんで」と聞いたら、「この間、『あじさいの恋』上映しているとき……」って。天王寺の映画館は当時、釜ヶ崎の労働寄場にあぶれた人たちが昼間からお酒飲んで来るところだったんです。そのおっさんたちが大勢で見てる。いしだあゆみという女優さんが未亡人で小さい子どもがいて、寅といろんないきさつがあって、寅さんが彼女の家に泊めてもらうんです。夜、子どもの部屋に寝ているんだけれども、彼女が子どものランドセルを取りに「ごめんなさい」と言って入ってくるシーンがある。これ、かなりきわどいシーンで、つまり寅さんが事におよべば彼女は「うん」と言ったかもしれないという、寅さん映画にしてはかなりエロチックな場面。ところがそのシーンになったら、観客の席から、酔っぱらったおっちゃんが「寅、いてまえ、いてまえ」と叫ぶ。

前川　いてまえ……（笑）。

山田　そうしたら、反対側にいたおっちゃんがね、「あほやな。こういうときにそういうことをせんのが寅のええとこやないか」。それでみんながウワーッと笑う。

前川　なるほど。

山田　それはまさに悪魔と天使。人間にはだれにもそれがあるということですね。

犯しちゃうという気持ちと、この人を守ろうという気持ち。それが映画の上映中に館内を二分したわけですね。男の中にある矛盾した気持ちでもある。そんな話を聞いたことがありますよ。

それと前川さんに僕、この話をしようと思っていたんです。寅さんのどの回かもう忘れましたけど、こんな場面があった。寅さんの留守中に、妹のさくらとおばちゃんが「寅さん、今ごろどうしてるかね」と噂話をする。いつもの場面ですが、「寅ちゃん旅先で病気になったらどうするんだろう」とおばちゃんが言うわけです。さくらが「そうね、ろくなもん食べてないだろうし、健康保険持ってないもんね」「ほんとだねえ」という話をしたんですが、封切ってしばらくして、厚生省何とか課、忘れちゃったけれども、課長さんぐらいかな、その人から手紙をもらったんですよ。

先日、映画を拝見しました。とてもおもしろかった。ただ私はどうしても気になることがあります。寅さんはどうして健康保険に入っていないんですか。寅さんでも入れます。住所不定ならば、さくらさんの住所にすればいいんです。私たちの仕事は一人残らず健康保険に入ってもらう。これが国民皆保険の思想ですから、ぜひ寅さんに入れてやってください——そう言うんです。僕、前川さんの「一人残らず教育を」という言葉を何かで読んだときに、フッとそのことを思い出してね。そうか、そういうお役人が日本にはやっぱりいるんだ、偉い人がいるんだと……。

前川　いやいや、その厚生省の役人も非常に職務に忠実というか、使命に忠実ですね。

山田　僕、感心したな、その人に。

前川　映画の中の人物までも保険に入れなきゃというね。

山田　そういう映画を上映していることは厚生省の役人としてはつらかったんじゃないでしょうか。そうじゃない、寅さんだって入っているんだと厚生省としては言いたかった。あるいは入れるんだということを。そのことをＰＲしていただきたいというかな。

前川　厚労省の本当に心ある役人の人たちは、日本で暮らす人々の暮らしをちゃんと守りたいという気持ちを強く持っていると思うんです。

山田　そうでしょうね。そうであってほしいな。

自由権と社会権

前川　文科省の私にとっては、憲法は二六条がいちばん大事な条文なんですけれど、厚労省だったら二五条ですね。生存権、健康で文化的な最低限度の生活を営む権利という、これをすべての人に保障するというのが自分たちの使命だという気持ちを強く持っていると思うんですね。こういう二五条とか二六条は、いわゆる社会権と言われるんですけれど……。

山田　社会権ね。

前川　基本的人権の中でも、国との関係で自由にさせてくれ、放っておいてくれというのは自由権で、社会権というのは国に対して正当に要求する権利で、これだけのことはちゃんとしてくれ、人間として人間らしく生きられるために、こういうことをしてくれなければ困るというものです。教育を受ける機会をちゃんとつくれと、あるいはちゃんと健康を維持できるような保険制度をつくれという……。

山田　最低限度の文化的生活というやつですね、問題は。

前川　そういう人権を守らなければという気持ちは強くあると思うんです。ついでに言いますと、この社会権規定というのは、ドイツのワイマール憲法で最初に出てきたもので、二〇世紀の人権と言われています。それが日本国憲法の社会権規定に継承されていると言えると思います。よく、アメリカが憲法を押しつけたなんて言う人がいますけれども、アメリカ合衆国憲法には社会権規定がないんです。

山田　ないんですか。

前川　ですから、オバマ前大統領がオバマケアといって、中途半端だけれども社会保険制度をとにかく何とかつくったわけです。それをトランプがまただめにしちゃったわけですが、そういった社会保険というものがアメリカにはないんです。

山田　ドイツから来ている。

前川　私はアメリカの憲法よりも日本の憲法の方がずっと進んでいると思っているんです。

山田　なるほどね。

前川　アメリカの憲法にはまだ一九世紀以前の古い考え方が残っているんです。銃を持ち歩く権利なんて書いてあるわけですから……。

山田　銃と書いてあるんですか。

前川　「規律ある民兵は、自由な国家の安全にとって必要であるから、人民が武器を保有しまた携帯する権利は、これを侵してはならない」と言っています。それがあるものだから、なかなか規制ができない。

日本の場合はすべての人の生活や学ぶ権利を保障しようという、そういう役人の使命感というのはかなり強くもともとあると思います。

山田　そうですね。生活保護だって、資格のある人は一人残らず、「あなたは資格があるのだから、ちゃんと受け取りなさい」と役所が働きかけるべきなんですけどね。

前川　実際には、捕捉率二〜三割だと言われていますから、七〜八割の人は本来受け取る権利があるのに、受け取ってない。生活保護以下の水準の生活に甘んじているという状況にあるといわれています。これは国であれば、財務省、各市町村でもそれぞれ財政課というところが、できるだけお金は使いたくないということなので、「出せますよとあまり言うな」という圧力がかかっていると思いますね。

山田　今はそういう感じですね。

前川　でも、社会保障が国や地方の予算上、大きな割合を占めるのは当然のことだと思うんですね。にも関わらずそれを抑制しよう抑制しようとするものだから……。

山田　社会保障で赤字になったたって威張ればいいじゃないですか、市長さんは。

前川　そうですね。『学校』の中のイノさんだって、本当はもっと早く病院へ行っていればよかったんでしょうけどね。

山田　あんなに早く死ななくてよかったということです。

前川　ああやっていろんな人間がいると、やはりいろんな人間関係が起きてくるわけで、萩原……。

山田　聖人くんね。

前川　彼が中江有里さんがやっている役のえり子さんにちょっかいだしますね。ああいうことだって起こるでしょうし、イノさんは、竹下景子さんがやっている先生に恋文を書いてしまう。恋文というよりあれはプロポーズですね、いきなり。あいうどうしたって男女の感情だって湧いてきますものね。それがまたおもしろいところだと思うんだけれど、学校はそういうものすごく人間臭い場所だなという気がします。

山田　「教育の宝庫」だって松崎さんたちは言いますね。いろんなことが教師は学べるんですよと。だから見城さんかな、学校に行くのが楽しくてしようがない。私は駆け足で学校に行きますと。

前川　見城さんが出てくるドキュメンタリーで『こんばんは』というのがあります。あれも私は何回か見ましたけれど、本当に見城さんが走っているシーンが出てきます。見城さんという人も元気な人ですね。あの方は、山田先生と年はどのくらい……。

山田　同じぐらいじゃないですか

前川　同じぐらいですか。あの方も元気で、私、何度かお目にかかって、いっしょに飲み会なんかしたことがありますけれど、酔っぱらって調子が良くなるとハーモニカを持ち出しましてね……。

山田　うまいんですか、ハーモニカ。

前川　うまいですよ。「故郷」、兎追いしというやつ。あれをハーモニカで演奏するんです。演奏するだけじゃなくて、みんなに歌えという。だから私も何度か見城さんのハーモニカで歌いました。彼が好きなのは三番なんですよ。「志を果たして、いつの日にか帰らん」という。

山田　ああ、志を果たすというのは問題のある言葉ですが。

前川　おそらくその後のフレーズがお好きなんですね。山は青き故郷、水は清き故郷という。なぜか三番がお好きですね。

山田　なるほどね。塚原雄太さんはご存じですか。

前川　塚原さんは私はお目にかかったことがないんです。

山田　これはおもしろい人でね。鬼の塚原、仏の見城って。塚原さんは怖いんですよ。元ラグビーの選手でね。ぼく一度、授業を見ていたときに青年が先生の話を聞かずに騒いでいたら怒りだしてね、「こら、一生懸命授業してるんだ。おまえ、受ける気ないんなら、帰れ」と言うんですよ。青年はカッとなって「おお、帰ってやるよ」と帰ってしまったんです。ぼく心配して、終わってから「塚原さん、もう来ないんじゃないんですか」って言ったら、「大丈夫。来ます」というんですよね。たいした自信でした。

前川　ほう。

山田　僕、気になって翌日の晩、行ったんです。そうしたら、ちゃんと来てるんですよ。

前川　なるほどね。長年の経験が。

山田　おもしろかったですよ。塚原さんは。

前川　夜間中学の教師をずっとやってた方って、一人ひとり個性がありますね。本当は昼間の中学校もそういうふうになってくれるといいと思っているんですけど。どうしてもね。画一的なんですね。

ヒエラルキーと差別と

山田　ずいぶん前からでしょうけれども、公立の小中学校がだんだん少なくなってきてるでしょう。

前川　毎年だいたい一パーセントずつ学校の数が減っているんです。

山田　いいところの子どもは私立に行くみたいなことになってしまっていて、ぼく、ものすごく問題だと思うな。子どもは基本的には公立の小中学校に行くべきじゃないでしょうか。そのために国がちゃんと学校を運営しているわけで、いろんな階層の子どもたちがいっしょになって勉強する。それが小中学校、義務教育じゃないですか。

前川　そう思いますよ。幼稚園・小学校からずっと私立という人は、世の中にいろんな人がいるということが分からなくなっちゃうと思うんですよ。私は昔、奈良の田舎の、奈良市ではなくて御所《ごせ》市というところ、ものすごくへんぴなところの小学校に入ったんです。

山田　田舎の小学校ですね。

前川　そこに小学校三年生までいて、引っ越して東京に転校します。東京で二校、小学校へ行ったんですけど、奈良の小学校にいたときには、子どもの中にもヒエラルキーがあって、私はそのトップにいたんです。

山田　級長。勉強できたんですね。

前川　田舎のことですから大したことはないんですが、それより、私の家はそのあたりの地主なんです。周りは元小作人なんです。

山田　坊ちゃんだったんだ。

前川　それで私の小学校のときの成績は、一年生の一学期の体育が四だったんですけど、あとは全部五なんです。

山田　へええ。

前川　それはなぜかというと……。

山田　先生がひいきして、良い点つけちゃったかな。

前川　そうなんです。一学期の体育が四だったのを見て、私の祖母が学校に文句言ったんですよ。

山田　(笑)。

前川　「なんで四がついてんねん」と。それでばあさんに恐れをなして、それ以後は私の成績は全部……。

山田　五になったか(笑)。

前川　体育も五になっちゃった。子ども心にもこれはひどいと思いましたね(笑)。

山田　思うかもしれませんね。賢い子ならば。

前川　その後、例えば子ども同士のケンカ。私もケンカはしたんですよ。でも、ケンカをすると、ケンカした相手の親が出てきて、親が私に謝るんです。

山田　(笑)。

前川　これもまずい。うかつにケンカもできないと思いました。そういう、言ってみれば田舎の前川家《まえがわけ》、あっちでは濁るんですね、「まえがわはん」と言ったら、小さいコミュニティーの中のボスなんですよ。それで周りの人たちがびくびくしている。考えてみたら戦争が終わってまだ十何年の時代ですから、農地改革で田畑失ったといっても、まだ「うちは地主だ。おまえらは小作だ」という感覚が残っているわけですね。そういう中で育ったんですけれど、幸いだったのは私の母親がまったくそういう考えを持っていなかったことです。私の母親は、東京からお嫁に行ったんですが、しかも当時では珍しいと思いますけど、帰国子女だったんです。

山田　向こうで教育を受けたんですか。

前川　向こうといっても。

山田　アメリカですか。

前川　いえ、アジアなんです。生まれたのは香港。

山田　香港？

前川　あとバンコックにもいたと言っていました。母の父親が商社マンだったんですよ。帰国子女で東京育ち、いろいろ苦労もしているんですね。戦災にも遭ったし、財閥解体で父親が失職したり……。そういう経験を経てひどい田舎にお嫁に来て、私を生んで育ててくれたんです。今から振り返ると、

母親がいたおかげでその土地の因習に染まらないで済んだということですね。部落差別も激しかったところですから。

山田 そう、奈良県はね。

前川 私の生まれた御所は水平社発祥の地なんです。

山田 そうですね。

前川 「人間《じんかん》に光あれ」という水平社宣言を書いた西光万吉たち。

山田 住井すゑさんも奈良県ですね。

前川 夜間中学で学ぶ人は多かれ少なかれそういう差別や偏見にさらされている人が多いわけです。

山田 学校へ行ってないということ、あるいは字が書けないというのは大変な屈辱感でしょうからね。どんな恥ずかしい思いをしてきたか。どんなにバカにされてきたかということですね。危険という字が分からないためにケガをしてしまったとか、駅の看板も読めないし、病院に行っても、内科も外科も分からない……。

ニューカマーのアイデンティティー

前川　読み書きができないというのは、私が「あつぎえんぴつの会」でお目にかかった、まさにイノさんみたいな人ですが、よくここまで生きてきたなあと思いましたね。『学校』は一九九三年でしたが、その後、二五年の間にどういうふうに夜間中学が変わってきたかと言うと、今圧倒的に多いのがニューカマー外国人ですね。

山田　でしょうね、今は。

前川　中国とか韓国、フィリピン、タイ、ベトナム、そのあたりからどんどん外国人が入ってきて、今、急激に増えているのがネパール人です。インド料理屋さんの厨房で働いている人は、インド人よりもネパール人の方が多いかもしれません。東京の夜間中学でもネパール人の生徒がものすごく増えているようです。『学校』の中でも在日のオモニと、中国残留孤児とのハーフのチャンさんという方が出てきますけど、今はもっといろんな国籍の人たちが混じっていて、識字以前の日本語教育から始める日本語学級を置いているところも多いんです。

私は、夜間中学にこれからの日本の社会の縮図を見るような気がしています。いろんな民族的、人種的なバックグラウンドを持つ人たちが共に暮らす社会というものをつくっていかなければいけないんだろうと思うんです。

山田　ヨーロッパでは、いろいろな国々で難民を引き受けているけれども、小学校の問題なんか大変でしょうね。その国の言葉をちゃんと教えなければいけないということがあるでしょうから。

前川　そうですね。今は昼間の小中学校でも、日本語指導が必要な子どもがものすごく増えているわけです。これは日本人の場合もありますよ。つまり父親が日本人、母親がフィリピン人、実はずっとフィリピンで暮らしていて、日本に引っ越してきた。それが小学校の高学年とか中学生で来るというケースもあって、国籍上は日本人ですけれども、日本語が話せない。そういう子どもたちも増えていて、日本語指導の必要な子どもたちが急激に増えているんです。そのための先生も必要になってくるので、その先生を配置するための予算もとったりして、一生懸命やっているんです。毎年財務省との闘いをしながらやっているわけです。ただ、子どもたちの日本語指導についてはある程度政策的にできているんですけれど、親が日本語を学ぶ機会というのはなくて、大人たちの日本語学習の場をどうつくるかというのが一つの政策課題として非常に大きな課題になっているんです。

子どもたちは日本の学校に来て、日本語の勉強もして、どんどん日本語を習得していって、あっという間に日本の子どもたちともいっしょに暮らせるようになるんです。けれど、そうすると逆に自分の母語を忘れていくということがあって、親との間の母語でのコミュニケーションがとれなくなってしまうというケースがあるんです。

スウェーデンなどへ行くと、どんなバックグラウンドの子も母語の学習ができる機会をちゃんとつくるんですね。本当はそこまでやらなければいけないはずなんです。いろんな外国から来る子どもたちがいて、その子どもたちのためには日本語を習得するための指導は当然必要ですけれど、それと併せて、自分たちの母語を忘れないようにする。

山田　なるほど。

ダブルが両国の架け橋になり、文化を引き継ぐ

前川 そういう手立ても本来、必要だと思うんです。母語は彼らのアイデンティティーそのものなんですから。しかしそれが全然できてないです。そこまでまったく及んでいないのが、今の日本の教育政策です。ハーフという言葉があります。私はダブルと言った方がいいと思ってるんですけど、日本人とフィリピン人のダブルのアイデンティティーを持っている子がいるとすると、日本語での学習というものもできるようにする必要があるし、そしてタガログ語だったらタガログ語をちゃんと維持して、日本人とフィリピン人の架け橋になるような、両方の文化を引き継ぐようなダブルアイデンティティーを育てたいのです。

山田 いいですね。そういうことをこの国は一生懸命やってあげなきゃいけませんね。

前川 と思うんですね。もともと在日の人たちがたくさんいて、在日の人たちも自分たちの文化を維持したいということで朝鮮学校をつくってやっておられるわけ

ですけれども、その朝鮮学校に対して日本の政府はものすごくつらくあたってきたし、今もあたっている、国も地方も。でもダブルの文化を持っているというのはものすごく大事なことで、貴重なことだと思うんです。

山田　それは日本の福祉、社会政策のとても苦手なところでしょう。世界の中でも。

前川　苦手ですね。これはそれこそ教育勅語的な観念がもともとあって、日本は単一民族だとか、世界でも特別な民族で、国民全員が一つの血縁で結ばれた共同体だみたいな考え方がありますから。それがよそ者を排除する論理になってしまっているんじゃないかと思うんです。

だけど、この前もニュースで言ってましたけれども、日本の経済界の強い要求があって、外国人労働者の在留資格を緩めるという政策をとろうとしています。しかし、移民政策はとらないと言っている。難民もほとんど認定されない。移民とか難民とかというかたちで日本の国民として受け入れることはしません。あくまでも外国人であって、外国人として仕事をして、終わったら帰ってもらいますと、これが今の政府の姿勢です。今までも一貫してそうですが、しかし、そういう姿勢のままではおそらく立ちゆかないと思います。きちんと日本の社会の一員として受け入れるという姿勢が必要だと思うんです。

山田 そうですね。

前川 長い歴史のある在日の人たちについてすら、それがまったくできないまま今に来ているわけです。情けない、体たらくだと思いますよ。

山田 本来、在日の人たちに母国語の教育をすることをこの国は考えなければいけなかったんですね。

前川 そうです。サンフランシスコ平和条約以前は、いろいろ複雑に絡み合いますが、日本国籍を持っていた、その国籍を強制的に剥奪しちゃっていたわけですからね。日本国民でありつつ朝鮮民族だということは認めないできたわけです。これからは、民族的、人種的には違うけれども日本の国民だという人たちがどんどん増えていくだろうと思うんですね。

学ばないまま大人になる悲しみ

山田　それとは全然状況が違うんでしょうけれども、トルコとかバングラデシュなんていう国は一〇〇万、二〇〇万という難民を受け入れているわけでしょう。キャンプにずっと暮らしている。そういうところで学校はどうしているんですか。小学校などは。

前川　具体的には分かりませんが、国連の難民高等弁務官事務所などが、最低限の何らかの施設をつくっているだろうと思いますけれど、それはおそらく、どんどん増えてくる難民には追いついていないだろうと思いますね。まずは生命をつなぐことが先だということで、食糧支援から入っているでしょうから。食糧、それから病気、その後が教育だろうと思うんです。だから追いついていないでしょうね。学ばないまま大人になっていく。学ぶということは、人間が人間になるための最低限の条件なんですけれども。

山田　そうですね。学ばなければ人間は人間になれないわけですからね。話は変わりますけど、一年ほど前に、岩波新書で原田國男さんの『裁判の非情と人情』という本が出て、その帯文を書きました。感心したんですよ。つまり僕らはかなり日本の裁判所について、絶望的になっているというか、どうも時の政権におもねるような判決しか出さないような気がしていたんだけれども、でも原田さんのような人がいるということは、まだまだ日本の法曹界をあきらめちゃいけない。こういう人がいるということ自体が救いだということを書いた記憶があります。

前川さんが文科省をお辞めになったのはとても残念で、前川さんもさぞ悔しいだろうとは思うけれども、でも前川さんのような人がいたんだ、ということは前川さんのような人がまだいるかもしれない。膨大な数のお役人がいる。だめな人もいっぱいいるのかもしれないけれどもね、ちゃんと話が分かる人がこれじゃ良くないと思いながら、悩んでいる人たちもいっぱいいるんじゃないかと、そんなふうに思いました。

前川　私も面従腹背していたわけです。

山田　面従腹背、そうそう。そういう人がいっぱいいるんじゃないか。そんなに絶望しちゃいけないというかな。

前川　私のところには、比較的若い職員からは時々メールも来たりします。幹部級の役職に就いているとそうもいかないで、「ちょっと今はやめとこう」みたいな感じになっていますね。ただ気持ちとしてつながっている人たちはいますよ。

山田　腹の中では、そう思っている人が何人もいるでしょうね。

前川　どうしたって、今の官邸の強い権力の下では、表立って前川とつながるわけにはいかないという感じはあると思います。それはよく分かります。

山田　そんなに強い権力を持つようになってしまったんですか。

前川　持ってますね、今の官邸は。役人に限らず、サラリーマンというのは、自分の人事権を持っている人の言うことを聞くんですよね。本来は各省大臣が人事権を持っていて、大臣自身でもそんなに全員のことが分かるわけじゃないのだから、役所のいちばん幹部の人間たちが、あの人をここに持っていこうというプランをつくって、大臣に上げて、大臣がオーケーと言う。そうやって人事が行われてきたんですけれども、今は各省の審議官以上の人事というのは官邸が実権を持っています。官邸は、もともとは承認する権限しか持っていないんです。ところが、承認権というのはだめだよと言ったとたんに拒否権になります。「こいつはだめだ」と官邸に言われたら、もうその人はそのポストにつけなくなるわけです。この拒否権を何度も発動しているんです。中心は官房長官ですけれども、そうすると、官房長官のお眼鏡にかなわないと、上に行けなくなる。

山田　そうなっちゃいますね。

前川　私はそこをスルッとすり抜けちゃったんですね（笑）。監視の目をかいくぐってしまったというところがあるんです。

山田　あの人はいかにもそういう暗い顔をしているものなあ。それはともかく、前川さんのような方がこれからも日本の教育界に大きな力を持っていただくように、力強い発言をしていただければと心から願います。

前川　今日は長い時間ありがとうございました。これからもいい映画を撮って、私たちを楽しませてください。

（二〇一八年六月二二日）

2

〝忖度ファシズム〟の中の教育、日本

前川喜平×堀尾輝久

堀尾輝久

（ほりお・てるひさ）

一九三三年生まれ、教育思想、東京大学名誉教授。日本教育学会会長、日本教育法学会会長、総合人間学会会長などを歴任。著書に『人権としての教育』（岩波書店）、『未来をつくる君たちへ〝地球時代〟をどう生きるか』（清流出版）、『堀尾輝久対談集　自由な人間主体を求めて』（本の泉社）など。

教育基本法から憲法への「改正」ステップ

堀尾　今日はよろしくお願いします。

前川　こちらこそよろしくお願いいたします。じつは先生の授業を受けたことがあるんですよ、法学部でしたからもぐりですけど(笑)。

堀尾　へえ、そうでしたか。それにしても、文科省を辞められてからいっぺんに〝時の人〟になられて、大変でしょう。ぼくらの仲間はだいたい反文科省と思われているのですが、それが、今や前川ファンになって「頑張ってほしい」「励まされる」と言っています(笑)。

前川　ありがとうございます。

堀尾　今日は、前川さんが文科省でやりたかったことが何だったのか、やれなかったことが何だったのかということから伺いたいと思いますが……。

前川　もう一つ、やりたくなかったけれど、やらされたこと……(笑)。

堀尾　面従腹背ですね。そのことも伺いたいですね。

前川　どこからお話をすればいいかわからないんですけれど、教育行政の世界から見ても、この二〇年ぐらいはどんどん状況が悪くなっている気がします。国家主義的な方向ですね。国の言うことを聞く人間をつくるという方向と、経済競争に勝ち抜くことができる人材をつくるという方向で、新自由主義的な競争原理をどんどん入れていって、とにかくいい悪いがはっきりするような評価をすると物事はすべて良くなるみたいな考え方が非常に強くなってきました。国家主義的方向と新自由主義方向が補い合いながら同時進行しています。

そのなかでかなりもがきながら、ある程度、いや、そうとう流されながら、まっすぐ流されるんじゃなくて、ちょっと脇へ流されるとか、そういう抵抗というか、いや抵抗というほどの抵抗じゃないんです、とにかく面従はしているわけですから。しかし自分に与えられた裁量の範囲のなかで、よりましな方向へ持っていくみたいなことはやってきたと思うんです。ただ、有無を言わさずやらされることはありました。教育基本法の改正などは二〇〇六年ですね。あれは私は絶対やりたくなかった。

堀尾　そうですか。それは伺おうと思っていたポイントの一つです。

前川　一九四七年の教育基本法の前文は私は本当に大好きな言葉だったのです。あれが全部なくなりました。完全に書き換えられました。

堀尾　そうですね。

前川　「われらは、さきに、日本国憲法を確定し、民主的で文化的な国家を建設して、世界の平和と人類の福祉に貢献しようとする決意を示した。この理想の実現は、根本において教育の力にまつべきものである。／われらは、個人の尊厳を重んじ、真理と平和を希求する人間の育成を期するとともに、普遍的にしてしかも個性ゆたかな文化の創造をめざす教育を普及徹底しなければならない。／ここに、日本国憲法の精神に則り、教育の目的を明示して、新しい日本の教育の基本を確立するため、この法律を制定する」とあったわけです。

堀尾　憲法の精神ですね。

前川　日本国憲法と教育基本法とは本当にセットのものだったので、日本国憲法がうたっている基本的人権の尊重、平和主義、国

民主権、その三つの原理に基づいて国をつくっていくという考え方のもとで教育をやるんですよとはっきりうたっていたはずなんです。

今の教育基本法にも、よりよく解釈すれば、前の教育基本法と同じ精神はあるんだと言えるとは思うんです。今となってはそうやって教育基本法を使っていくしかない。違憲とまではなかなか言いにくい。だとすれば、合憲のものなのだから憲法に適合するように読んでいかなければいけないんだろうと。しかし、例えば教育行政について、教育が直接国民に責任を負うというところが削除されましたから、法律さえ決めれば何でもできると読めるようになっています。

堀尾　そうですね。

前川　とすると、例えば極端な話、太平洋戦争はなかったと法律に書けば……そんなことは考えられないけれど、しかしそう言わんばかりの政治家はたくさんいるわけです。いわゆる歴史修正主義ですが、実際、「南京事件はなかった」と言っている副大臣がいましたからね。

そういう風潮のなかで、時々やっていられないという気持ちはありました。ですが、やってられなくてもやっている自分がそこにいないと、もっとやってられないことになるだろうと思って、面従腹背でも、仮面を被っていても、そこにいたほうがいいとは考えていました。

子どもに触れている現場で

堀尾　第一次安倍内閣は初っぱなに基本法を変えたわけですからね。その後の教育の変化は大きいでしょう。教育改革国民会議なんかを中心に、中教審（中央教育審議会）も無視する……。

前川　中教審はほとんど下請け機関になっています。教育再生会議、第二次安倍政権では教育再生実行会議、そこがもう大きな方針を出して、それを具体的にどうするかというところで中教審が現れる。

堀尾　そういうなかで苦労されたんだなあというのを、寺脇研さんとの対談『これからの日本、これからの教育』（ちくま新書）を読んで感じました。

前川　寺脇さんは大田（堯）先生との対談『大田堯・寺脇研が戦後教育を語り合う——この国の教育はどこへ向かうのか』（学事出版）も出していますからね。

堀尾　お二人の苦労が分かります。

前川　この二人は文科省のなかでは異端なんですよ（笑）。

堀尾　でもこういう優秀な異端がいたということは大事ですよ。この対談は国民に伝えたいという思いと、文科省の後輩たちに対する強いメッセージになっていますね。

前川　そうなんです。文科省に残っている若い人たちに「ちょっと読んでくれない？」という気持ちが強いんです。

堀尾　公正で、そういう意味では本来の意味での中立的な行政のあり方からずっと外れて、官邸中心、仲間内のものに変わっていることがずいぶん率直に話されています。日本の政治がおかしくなっていることがよくわかります。そのなかで、文科省もある意味では犠牲になっている……。

前川　そうですね。

堀尾　ただ、ぼくはそれだけを言ってはまずいという思いがあるんです。さっきこれは国民へ向けてのものと言いましたが、現場の先生とか親とか、それから教育研究者に対するメッセージという点ではあまり直接には響いてこないところがあります。それをぜひこれからの仕事に位置づけてほしい。その力がある方だから、という思いがあります。

前川　ありがとうございます。政治はこうだし、教育行政はこうだけれど、現場は現場で、現場の自律性を失わずに頑張ってほしいと言いたいんです。

昨日もじつはある町の組合に呼ばれました。最近は教職員組合からも声がかかって講演させてもらっているんですが、日本の教育行政はかなりおかしくはなっているけれども、しかし教室までやってきてその授業をやめろ、弁士中止、みたいなことが起こっているわけじゃないんだから、現場で頑張ってくれと話すんです。

ちょっと無責任ですけれど、教育基本法が変わり、学習指導要領が変わり、道徳が教科化され、国旗・国歌についてはとにかく厳しく指導しろと言うけれど、しかし実際に子どもたちに接しているのはあなた方です。圧倒的に有利なポジションにいます。いくら霞ヶ関や永田町がいろんなことを叫んだって、子どもたちに直接触れているのは先生方なんだから、そこで頑張ってくれと話しています。

堀尾　ぼくなんかもそうですよ。現場の教師との研究運動を長年やってきましたから、今の制度、政策の批判と現場でやれることは何かということは区別しながら、

「まだやれることはある、頑張ろう」と言っています。

前川 だから、それこそ忖度しないでくれと(笑)。

堀尾 そうそう。ただやはり忖度する構造になっているんですよ、全体として。

前川 なっています。非常になってます。

教育・学校に持ち込まれた競争原理

堀尾 そして非常に忙しいでしょう。だから子どものことを考えられない、教材研究もマニュアルに従ってやれば楽だし文句も言われない、と多くの教師が流されてしまっている。組合も弱体化していますね。

前川 本当に弱体化していますね。日教組と文科省の関係は一九九四年~九五年の村山内閣のときに劇的に好転したんです。日教組は運動方針を見直し、文科省と手を握りやすくしてくれました。その結果として、少し後になりますが中央教育審議会に日教組の前委員長だった横山英一さんが委員として入るという前代未聞のことが起こりました。書記長だった渡久山長輝さんも入りました。おかげで私は文科省にいる間、日教組とは日常的につきあうことができました。

堀尾　八九年に分裂問題があり、九一年に全日本教職員組合（全教）が発足します。日教組が連合（日本労働組合総連合会）に合流することに反発してそうなったわけですが、日教組はそれを分裂策動としていっそう反共シフトになっていきました。

ぼくは日教組教研集会の助言者をずっとやっていたんですが、分裂のときに首を切られました。多くの助言者が同様の目に遭いました。村山内閣前後というのはある意味では細川内閣から少し良い方向へというか、少なくとも自民党一党支配じゃない変化が出てきたでしょう。太平洋戦争についてもアジア認識の問題でも、また教科書問題、慰安婦問題でも。河野談話があり、村山談話がありました。それに対して、日本会議や「新しい歴史教科書をつくる会」などができてきました。

前川　あの時期は自民党がいちばんリベラルになったかもしれません。河野洋平さんが総裁だったり、自社さ連立政権ができたり。あの時の文科大臣は与謝野馨さんでした。与謝野さんは基本的にはリベラルな人で、日本会議みたいなものには全然与しない人でした。あの方が、自民党は社民主義政党なんだっておっしゃっていました。自民党は社会党や共産党といった野党の政策を取り込むことによって生き延びてきたんだと。

ところが小泉内閣、源流をたどれば中曽根内閣だと思いますが、社会民主主義をどんどん捨ててむき出しの資本主義、新自由主義の方向に突っ走った。みんなで中間層を大事にしていこうという考え方でなく、弱肉強食、勝ち組と負け組に分ければいいとなってしまった。

堀尾 そうですね。それは教育政策との関係でいうと臨教審（臨時教育審議会）問題になるでしょう。寺脇さんは評価している感じなんですが、ぼくはかなり批判的です。臨教審が「教育の自由化」を打ち出したとき、「堀尾、おまえのが持っていかれてるぞ」なんて言われましたが、ぼくは「原理的な自由論」ですよ。まったく違います。臨教審を主導した香山健一さんと論争的な対談をしたことがありますが、彼は「教育の自由化」といって企業化、市場化を主張した。

この点は、前川さんも批判されているでしょう。そういう方向に大きく動かしながら教育内容は国家主義的な統制をやる、その構造認識で前川さんとは基本的に同じじゃないかと思います。

前川　そうだと思いますね。臨教審がいった三つの理念のなかに個性重視の原則というのがあります。「個人の尊厳、個性の尊重、自由・自律」、そこまではいいんです。けれど、そのあとに「自己責任の原則」というのが入っていて、そのあたりで……。

堀尾　それだけがひとり歩きしてますからね。

前川　そこが新自由主義的な、競争を学校に導入する根拠になっています。教育は、全体主義、集団主義ではなくて、個というところから始まる、一人ひとりの学習者である子どもの個というものを大事にして、その上に教育の政策をつくっていく。それは日本国憲法が持っているはずのものなんですけど。

堀尾　戦後教育はそれをやるはずだったんです。

前川　それをあの時点で再確認したというか、本来あったものを新しく提示するかたちではあるけれどこれでいくんだと言ってくれた、と受け止めて、我々はその後の仕事の道しるべにしてきたんです。

本来、個としての子どもというものが主体的な学習者としていなきゃいけない。これは先生がおっしゃっている地球時代が一九四五年から始まるという、そこから始まっていると思っているんです。ただ臨教審の答申というのが中曽根内閣での教育改革の原理なんだということがあります。中曽根さん自身は全然評価していないと思うんですが。

堀尾　個人の尊厳なんて評価しないですよ。

前川　中曽根さんの本を読んでみても、「始めに国家ありき」ですからね。

堀尾　それに「戦後政治の総決算」でしょう。その枠で考えているということと、文科省的には教育は国家が面倒を見るという発想だと思うんですが、そこに香山さんなんかの新自由主義的な発想の自由化が出されてきた。いったい、その自由化って何なんだと議論になったんですよ。

前川　あのときの教育の自由化については文科省もそうとう抵抗したんです。それは国家がやるべきものだ、民間企業にやらせてはいかんという発想ですね。

堀尾　だから、そこについては批判があって、教育は自由でなければならないという点では香山さんとも言葉としては一致するんだけれども、香山さんのような市況原理的自由論、しかも能力の遺伝決定論的な議論はおかしいと批判し論争したんです。

国家なのか自由なのか

前川　その、国家なのか自由なのかというところのせめぎ合いは今でもありますね。一昨年になりますけれど、教育機会確保法という議員立法ができました。不登校の子どもたちの学校外の学習というものを積極的に認めていこうというもので、制度や政策の枠のなかに収まらない自由な教育活動を認めていくという方向性を持っているのです。下村博文さんもこれを支援しています。

下村さんは国家主義的な方向性を持っている人ですが、フリースクールを支援すると言っている。そうすると、心配する人たちがいるわけです。教育を市場化していくいう方向にこれも巻き込まれるんじゃないか、日本の経済成長にとって役に立つ人間をつくっていくような学校になってしまうんじゃないか、と。

だから国家が枠組みを崩して自由な取り組みを広げるというときにも、二つの方向性があるんだと思うんです。自由な個人が集まってパブリックな世界をつくっていくという方向性と、市場のほうに寄っていってしまう方向性。

ですが、この法律をつくるときは、自民党から共産党まで皆さん集まったところで議論してたんです。法案をつくる前から議論をかさねた。こういうつくり方の法律はあまりないです。私はそこにオブザーバー的に政府の立場でずっといましたけど、なかなかおもしろかったです。

堀尾　現実があるわけですよね。不登校の子どもたちの声がある、親の会があるわけでしょう。そういう人たちが要求を持っている。それを超党派的に受け止めたということでしょうね。

前川　このときはフリースクールを運営している人たちの間にも意見の違いがありましたし、不登校生徒と普通の生徒とを分けてしまうという問題もありました。文科省は一九九二年に通知を出したときには、「不登校はだれにでも起こりうる」と言ってたんです。不登校の状態はあるかもしれないけれど、この子は不登校の子、この子は不登校じゃない子というふうに分けられないはずなんです。一人の子どもが不登校になることもあるだろうし、学校は楽しいと思うこともある。私もそうですから。私は小学校三年生のときに不登校だったんです。

堀尾　水泳のとき……。

前川　ええ。私は奈良という海のない県の、しかもプールのない学校で学んだものですから、そもそも泳ぐという陸上動物にあるまじきことは（笑）とてもできなかったんです。ところが、小学校三年生の夏休み直前に転校したものですから、東京に来るとプールの授業ですよ。いきなりプールに突っ込まれて、学校に行くのが恐ろしくなって……。

堀尾　そういう経験があるから不登校に共感できるわけですね。学校に行かにゃいかんというだけの話じゃないということですね。

前川　学校がいやな子っていますよ。学校のほうの問題だと思いますよ。

堀尾　つまり学習の権利でしょう。学びの権利にふさわしい教育を求める権利。学校がそれを与えていなければ拒否する権利だってあるんだという、権利論的にはそういう構造になる。だから、学校は拒否されないように、学校を変えなければいけない。

前川　まったくそのとおりだと思います。私、最近おつきあいしているのは、大阪市立大空小学校。あそこの木村泰子さんという前の校長さんなんかはっきりしています。どんな子も受け入れられる学校じゃないといけないと。だから本当にいろんな子が来ちゃう。

堀尾　大空学校の映画（「みんなの学校」）もなかなかいいですね。各地で上映会がされていて、ぼくは調布で見ました。

前川　私も三回ぐらい見ました。あの学校は、障がいのある子どもも全部受け入れてしまうという考えですが、文科省はそこまでいってません。インクルーシブ教育システム*が大事ですとは言っていますけれども、あそこまで徹底して考えていません。特別支援学級、特別支援学校と区別する。今のところは区別はするけれども、できるだけいっしょにしましょう、ぐらいの話です。

*障がい児の能力をより発達させ、自由な社会に効果的に参加することを可能にすることを目的に、障がいのある者とない者が共に学ぶ仕組み。

堀尾　その一方で、東京日野市の七生養護学校のような行政の介入があるでしょう（学校独自の性教育の内容を不適切として都教委は校長、教員を処分した）。裁判になって、最高裁までいって学校・教員側が勝ったわけですけども、ああいうことについて文科省から都の教育委員会に何か一言あってもいいんじゃないかとぼくなんかは思いますが……。

前川　それはひとこと言いたいところなんですけど、言おうとしてもそれより強い力があって、言えないのです。自民党文部科学部会というのが毎週あって、取っ替え引っ替えいろいろなことがやり玉に挙げられています。七生養護学校の話もずいぶん取り上げられました。間違った性教育をしている、あんなことしてはいかんと。

堀尾　下村氏とか義家氏とかが中心にいるんですか。

前川　います。

堀尾　あの二人は本当にけしからんと思いますね。

前川　加えて萩生田光一さんと大西英男さん。大西さんは都議会議員からなった人で、文部科学部会にしょっちゅう出てきていました。人権感覚とか平等感覚とかが欠如しているとしか思えない人が多いんです。

堀尾　萩生田さんの名前が出たけれど、前川さんは、加計問題でいちばん悔しい思いをしているじゃないかと思いますが、本当にけしからんですね。
しかもその後さらに官房副長官ですか、要職に就いているわけでしょう。

加計問題の火種は安倍首相

前川 そうですね。加計学園問題は、いちばんの火種というか火元は私は安倍総理ご自身だと思うんです。官邸の周りの人間がその意図をじゅうぶん知っていて、そのために動いた。その筆頭格の一人が萩生田さんですね。

それから地方創生特区担当の大臣ですね。石破茂さんが大臣の間は動かなかったんです。それが一昨年（二〇一六年）八月の内閣改造で山本幸三さんが引き継いでから、急に堰を切ったように動き始めた。でも下地はできていました。加計ありきで二〇一五年に始まっていたんです。

私が関与したのは次官になってからで、一昨年の八月以降ですね。急に国家戦略特区で獣医学部をつくるという話が動き始めた、なんでこんなに急に動くんだろうと思っていると、二〇一八（平成三〇）年の四月にどうしてもつくらなきゃいけないという強い指令がきました。官邸からも内閣府からもです。これは相当強い意思が働いていると思いました。

萩生田さんが文科省の高等教育局長に会って話をしたメモが残っていて、このメモの存在は文科省は認めているんですが、書いてあることは事実ではないと言っています。ですが、書いてあることのなかに「総理は二〇年四月開学とおしりを切っていた」と萩生田さんがしゃべっている、とあるんです。それを、萩生田さんも局長も「覚えてません」と言う。私は私で総理補佐官に呼ばれ、「総理は自分の口から言えないから私が代わって言う」と、「獣医学部を早くつくれ」と言われました し、実務のレベルでも、担当課長がしょっちゅう内閣府の審議官に呼ばれ、「早くしろ、早くしろ」と言われています。「文科省は、農水省が獣医師がもっと必要だと言ってくれないと獣医学部の創設はできません」と言ったら、「そんなのはいい。とにかくトップダウンで決めるんだから、早くやれ」と言われています。

そのときにも総理のご意向ということを言われています。だから、あっちからもこっちからも総理のご意向という声が聞こえていたんです。総理自身が何らかの意思表示をしていなければ、こんなことにはならないと私は確信しています。

これは報道で知った話ですが、二〇一五年の四月二日に加計学園と今治市、愛媛県の担当者が総理官邸に行って、総理秘書官の柳瀬唯夫さんに会っています。「会った記憶はない」を七連発して、今は経産省のナンバーツーになっていますが、しかも、当時、文部科学大臣だった下村さんもそこに顔を出したと言われています。

ここから先は私の推測ですが、構造改革特区でそれまで一五回失敗していたので、これからは国家戦略特区でいこうと乗り換えたんだと思います。構造改革特区と国家戦略特区は同じ特区といっても、趣旨、目的が違うものですから、構造改革特区でできないことでも、国家戦略特区だったらできるんです。

構造改革特区は、とりあえず一地域だけ限定的に実験的に規制緩和をしてみて、うまくいったら全国に及ぼすという考え方なんです。国家戦略特区はそうではなくて、始めから国全体に利益を及ぼすであろうと思われる国際競争力の強化とか、国際的な拠点の形成といった事業をピックアップして、おまえのところでやれと指定してくるものです。

堀尾　そういう意味では、国家戦略特区の考えのなかに、安全保障という言葉が入る危険性は多分にありますね。

前川　あります。

堀尾　そうすると大学もその戦略特区のなかで、軍学共同体制ができる。

前川　あり得ます。国家戦略特区によって国設民営大学がつくられ、そこで国の方針に従う軍事研究を行う、というような。すでに公設民営高校までは制度があるんです。大阪で橋下徹さんや松井一郎さんが府・市でぜひつくりたいと言って、構造改革特区制度のなかで制度ができてしまっています。大阪ではこれからつくられるのですが、愛知県ではすでに一つつくられています。パブリックな公的な主体ではなくて、営利を目的とする主体が学校教育を運営する、それがいいんだというイデオロギーがありますね。私立学校ではすでに株式会社立ができてい

ますけれど、公立学校でも株式会社運営学校というのをつくろうという方向性です。これをさらに広げていくと、国立大学でも運営主体は民間企業というのが出てきてもおかしくない。

堀尾　国立大学の法人化というのはそういう方向に動いていく第一歩だったんじゃないですか。教授会自治なんて今やないでしょう。学校教育法まで変えちゃった。前川さんはどういうふうに関与してたんですか。

前川　いわゆる橋本行革のときですが、行政改革推進室長でした。私は、国立大学の主体性を高めるという意味での法人化はいいんじゃないかと思っていました。国立大学はそれまで、文科省の一機関というかたちだったわけですね。もちろん学問の自由、大学の自治という憲法上の原理の下で、運営についての自治は文科省も認めていました。形式的な任命権は文科大臣にあるけれども、自治は持っているというかたちですね。それならば、文科省の付属機関から離れたほうがいいんじゃないかと思いました。

あのとき京大の憲法の先生だった佐藤幸治さんが行政改革推進会議の委員で、佐藤さんは、これで本当の大学の自治が制度上もできるんだとおっしゃっていました。

だけど、自治かもしれないけれど、経済界がバーッと入ってきたわけです。国家統制からは相対的に離れたかもしれないが、経済的な統制が効くようになってしまった。私が学生のころは産学協同というものに対しては警戒心があったのですが、それがだんだん薄れてきて……。

堀尾　そうでした。学術会議も反対でした。私は官僚国家から企業国家への変化と書いた事があります。

「教育を受ける権利」か「教育への権利」か

堀尾　ところで、憲法二三条「学問の自由は、これを保障する」が、大学の自治の問題として非常に大事な規定としてあるといわれています。国立大学だって二三条に守られているという構造になっているわけです。ただ、これはとくに大学の自治を規定している条文じゃないと思うんですよ。これはすべての国民が主体なんですよ。

前川　そうですね。

堀尾　そうすると、前川さんや寺脇さんがおっしゃっている学習権の憲法上の根拠はどこにあるかという問題です。ぼくは、一三条の個人の尊重、幸福追求の権利、そのなかには学ぶ権利が当然入る。そして二三条の学問の自由。そして二六条の教育を受ける権利、というふうになっているんだと説明してきました。

前川　たしかに。私も一三条と二六条の構造というのはそう思っていたんです。二三条の「学問」という言葉は、福沢諭吉が「学問のすゝめ」といったときの「学問」と同じで、まさに学習のことで、そういう意味での学問ですから、小学生だって幼稚園児だって学問をやっているんです。

堀尾　そう言っていいのですよね。学問というコンセプト自体もとらえなおす、やわらかくする必要があります。憲法の成立過程を見ても、一九四六年の国会では、いきなり「大学は」と言ってないんですよ。国民の学問の自由という議論がけっこう出ています。なぜ大学かというと、それは過去の歴史があるから、とりわけそれが大事だとなったわけです。だから第一テーゼは、「国民の学問の自由」なんです。それから「大学は」という、そういう解釈の構造のはずです。ところが憲法学者もそこのところをちゃんと言わないんですね。ぼくは、その二三条についての憲法学者の解釈は早くから批判していたんです。そして二六条のとらえ直しと重ねた。

前川　つまり二三条をそうやって大学という枠組みを離れて、国民一般いや国民だけじゃなく、外国人も含めて個人すべてが持っている精神的自由権と考えれば、高校以下の学校についても、やはり学問の自由に基づく原理というものがあるべきだということになりますね。それは児童生徒にもあるし、教師の側にもある。

堀尾　そうそう。しかも教育無償化の原理だって、高校無償化はけっこう議論になっているし、高等教育の無償化まで今は議論になっていますけども、二六条が使えるわけですよ。

前川　学問の自由を保障するためにも……。

堀尾　二六条を変えなければいけないという話じゃない。

前川　解釈改憲じゃないけど、それこそ解釈で広げられるというか、仕様ですね。これは集団的自衛権を認めるような無理な解釈よりはずっと自然な解釈です。

堀尾　ぼくは前から言っているんですよ。憲法は変えちゃいけないなんていう話じゃない。もともと国民がつくるんだから。それで文言を変えるとすれば、二六条の「教育を受ける権利」を「教育への権利」にと前から言っているんです。

前川　なるほど。たしかにアクセスという意味合いがありますね。

堀尾　国際的に見ても、あれは right to なんですよ。

前川　受けるというのは passive な感じがありますからね。

堀尾　そうそう。だから、おかしいのは、世界人権宣言二六条、あれは right to education なんだけれど、それを憲法学者はわざわざ「教育を受ける権利」と訳している。日本国憲法の「教育を受ける」は right to receive と入れているけれども、right to も「受ける」と訳してしまった。しかし、それは教育についての歴史を背負ってると思うんです。「教育を受ける権利」が最初に表現されたのは明治三四年の社会民主党のテーゼです。教育を権利としてとらえる場合にも、「受ける」と表現せざるを得ない歴史があったわけです。教育への権利、その前提としての学ぶ権利という議論はなかなかできな

かった。そこを踏まえないといけないと思いますね。
前川さんも寺脇さんも、生涯を通しての学ぶ権利というふうに言われているけれども、ぼくはすごく共感しますね。ぼくは一九六〇年代から、学習権って言っていたんです。そしたら、文科省の人が「学習権なんて言っているけれど、どこにもそういう権利はない。そんなことを言っている人の話は眉唾ものだ」と言われてるぞ、と耳に入って……。

前川　そうなんですか。

学習権と杉本判決、学テ判決

堀尾　そうなんですよ。ちょっと続けると、学習権が判例で初めて出てくるのが家永裁判の杉本判決なんです。一九七〇年ですけど、学習権が書いてある。ぼくは本当に嬉しかった。ぼくも法廷で学習権を軸に二回証言しましたからよけいにね。

前川　そうだったんですか。私も学生のとき憲法で勉強しましたよ。

堀尾　そして、七六年の学力テストの最高裁判決。これも学習権論が入っています。

前川　入ってます、入ってます。七六年のあの判決は玉虫色的なところがあるんだけれど、しかし子どもの学習権というものを認めてるんです。それをベースにして組み立ててるんですね。

堀尾　国家の教育権と国民の教育権と両方をしりぞけているなんて解説する人がいるけれど、そうじゃないんですよ。あれは国民の教育権論の枠の上で、子どもの学習権を軸にその保障に関わるそれぞれの責任と権限がどうなるかという議論をしている。

そういうふうにぼくは受け止めています。

前川　文科省は、学テの最高裁判決で学習指導要領は認められたと、その根拠にだけ使っています。そこだけをつまみ食いして、学テ判決は文部行政においても基本となる判決だという位置づけなんだけれども、よく読めば、いやよく読まなくても、含意があるんですよ。子どもの学習権から始まっていますから。

堀尾　国は余計なことをするなと言っている。

前川　繰り返し言ってますね。抑制的でなければならないと。

堀尾　そして全国一斉学テをやる権限は文部省にはないとも言っている。

前川　そうですね。今、学力調査をやっていますね。学力学習状況調査をやっています。実は昨日も、あれは悉皆だと言っているけれど、そうじゃないんですよという話をしてきたんです。市町村教育委員会が任意で参加していて、やるやらないは市町村教育委員会の判断です。それが証拠に犬山市はやらなかった、最初は。だから千七百以上の市町村の教育委員会が全て右へ倣えでやっているほうがおかしい。二年に一回やりますとか、国語だけやりますとか、いろんなバリエーションがあっていいんだと。それなのにやらなければいけないと思っているほうがおかしい。むしろうちはやらないというところがなければ不健全でしょう、という話をしてきたんです。

堀尾　それは本当におっしゃるとおりです。だけど他方で、自民党筋は学テは四〇年できなかったのができるようになったと喜んだ。形は全国一斉ではないけれども、それに近いかたちです。しかもかつては文科省が責任を持ってやったけれども今度は出題、採点まで民間企業に任せている、それこそ民営化でやられている。そういう学力テスト問題をぼくは文科省にいた人として取り上げてほしい、今の子どもたちの状況を考える場合に。お二人の対談ではあまり触れていませんね。ちょっと残念だと思いました。

前川　第二弾で話しますか。寺脇さんはこれとは別に、『国家の教育支配がすすむ――〈ミスター文部省〉に見えること』(青灯社) という本を書いているんです。そのなかでは少し触れていたと思います。文科省は本当は学力テストの復活にはそうとう慎重で、「それはやらないほうがいいんじゃないか」というスタンスだったんです。

堀尾　文科省自身は最高裁判決がありますからできませんけれども、でも誰かがやってほしいと思ってるんだろうなとぼくはみています。教育委員会にやらせてるんだろうと。

前川　役人ていったんセットされちゃうと、その方向で進むんですね。ものすごくいやがっていたのに、「やれ」と言われたら「はい、やります」と動く。そこは怖いところです。それこそだれでもアイヒマンになり得る。レールが敷かれて「進め」と言われたら進んでしまう。それまでは「いやです、いやです」と言っていても、「レールは敷いた。おまえはここを進むしかないんだ」と言われると進んじゃう。

堀尾　しかしそのレールは法律、法規であるわけでしょう。新教育基本法の一六条は「教育は、不当な支配に服することなく、この法律及び他の法律の定めるところにより行われるべきもの」とあります。これを立法者はどう考えたんだろうか、推測すればこの法律が教育の基本法、教育関係の最高法規ですから、その他の法とは下位法のイメージだと思いますが、しかし、それこそ使えるものは使えで、ぼくは、「この法律およびその他」のその他のなかには、憲法もあれば子どもの権利条約もあるんだと説明してきたんです。

前川　なるほど。

堀尾　そして、法律もそれこそ実定法だけじゃなくて条理法もあれば、経験則もある。法律というのはそういうふうに考えなければいけない。実は中央大に勤めるようになって初めて教育法の授業をやったんですが、教育法の法源論でそういうふうに話してきました。

前川　そういう解釈もできるかもしれませんね。憲法まで入れられるかどうかわからないですけど。

堀尾　しかし、憲法の精神に即してという言葉は残っているわけでしょう。

前川　ええ、残っています。よく読むと、前の教育基本法と同じように読める部分はたくさんあるんですけど……。

堀尾　前川さん、苦労していろいろ説明してるんですよ（笑）。基本法改正がホットな問題になったころ、ぼくは教育学会の会長そして、そのあと教育法学会の会長をやったんです。新旧教育学会長の連名で批判の声明を出したりしたのです。あれが通ったときに本当に研究の根拠を奪われたという感じもしました。しかも、あれは改正じゃないんですよね。

前川　そうです。全部取り替えたんです。

堀尾　この法律を「制定する」となっている。「改正」じゃない。ぼくらは改正反対と言っていたけど、それどころじゃないというのを最後に見せつけられた感じだった。憲法もそうですね。自民党改憲草案は改憲じゃない。二〇一二年の改憲草案を読むと前文をがらりと変えて、その最後は「ここにこの憲法を制定する」となっている。教育基本法のときのことを思い出して、この改憲草案なるものはくせ者だと思いましたね。

前川　教育基本法も、先生がおっしゃるようにほかの教育法規の頂点になるべきもので、憲法に基づいてつくられているものだから準憲法的な法律と言われていました。改憲派、自主憲法制定派は、憲法と教育基本法はセットだから、憲法を改正するためにはまずその前段階で教育基本法を改正して、その後に仕上げとして憲法を改正する。こういう段階論だと思うんです。

堀尾　そうですね。

前川　それを最初にやろうとしたのは、中曽根さんだと思います。中曽根さんが臨教審をつくろうと思い立ったのは、教育基本法の改正ですね。

堀尾　戦後教育がだめだとしきりに言いましたからね。

前川　教育基本法を改正し、その次に憲法改正へもっていこうと。中曽根さんがあと五年ぐらい政権にいたら、そこまでいったかもしれませんけれど、その後の状況を見ると、そのシナリオに沿っているように思われます。

堀尾　安倍さんはまさにそれをやり、やろうとしている。

前川　そうです。第一次安倍内閣で教育基本法を改正し、第二次（三、四次）安倍内閣は憲法改正だと思っておられるし、これによって安倍晋三という名前は燦然と日本の政治のなかに、一つの大きな転換点として記憶されることになる、という話です。私自身としても、これは何としても止めなきゃいけないと思っています。

堀尾　本当にそうですね。

朝鮮高校教育無償化問題

前川　私は憲法を改正しちゃいかんとは思っていませんし、国民が本当に十分議論をして、先ほどおっしゃった二六条の文言を変えるとかすればいいと思っています。あるいは、この前、臨時国会を開けという要求を四分の一以上の議員がしたけれども、自民党は放ったらかしにしましたね。憲法五三条を無視した。自民党の改憲草案だって二〇日以内に開くと書いてあるんだから、そのくらいのことはすぐにもやったらいいかもしれません。そういうように変えたらいいと思うところはたくさんあるんです。例えば、二六条や一三条の「すべて国民は」の「国民」ですね。

堀尾　外国人も含めて。

前川　ええ、人権なんだから、「すべての人は」とか「個人は」とかというふうに。

今の条文だと外国人の教育への権利は憲法では認められないという学説が成り立ってしまう。

堀尾　そうですね。前川さんはすごいなと思っている一つに、朝鮮学校の問題があります。朝鮮高校の教育無償化についての大阪地裁の判決についても位置づけておられる。

前川　あれはいい判決だったです。

堀尾　視野広く見ているんだなあと思いました。

前川　私、あの仕事をやってたんです。民主党政権時代に初等中等教育担当の審議官として高校無償化の制度設計をしていたんです。始めから朝鮮高校は入れるつもりでやっていました。そのときの大臣だった川端達夫さんだって、副大臣だった鈴木寛さんだって、そのつもりでいました。途中からおかしくなった。民主党政権のなかからも拉致担当大臣の中井洽さんが「拉致問題が解決していないかぎりだめだ」と関係ないことを持ち出して、邪魔し始めたわけです。それでゴタゴタして決着がつかない間に民主党政権が倒れ、安倍さんが総理になって完全に否定されちゃったんです。

その間に、朝鮮高校の関係者ともずいぶんやりとりし、私自身もいくつかの朝鮮高校を訪問して中を見せてもらったりしたので、本当に悔しい思いをしているんです。

堀尾　朝鮮学校の問題は戦後、長い歴史がありますからね。今、無償化問題をめぐって具体的なかたちで顕在化して、改めて問題の重さを思いますし、日本という国のあり方が問われているわけですから、言わなきゃいけないですね。

前川　そうですね。

堀尾　そういう人権の問題でいうと、性的マイノリティー、ＬＧＢＴのことも積極的に問題提起されていますね。

前川　女性の人権とか権利拡張というのは古くからあるけれど、男女どっちにもあてはまらないという人がいるんだし、その人たちの個人の尊厳というものをどうちゃんと認めていけるかというのは、今まで多くの人が気づかなかった人権問題だろうと思うんです。

堀尾　ぼくの仲間にもそういう問題に取り組んでいる人がいますよ。それと、大事だと思ったのは、オウムの子どもについて、子どもの権利を認めなければいけないという発言をどこかでされていましたね。

前川　ええ。あれもひどかったですよ。オウムの幹部の子どもだから学校に入れないなんて。これはあってはいけないことですよ。

新しい公共性と教育

堀尾　だから、前川さんの人権感覚というのはしっかりしているなあと思って、感心しています。退職したあと、厚木や福島の夜間中学で手弁当で教えてもおられる。それで、ちょっとお伺いしようと思っていたのは、新しい公共性ですね。これをどう考えるか。公共というとお上のものを下々に下げるという発想があるけれども、そうじゃなくて、下から公共性をつくるという発想が大事だというようなことを言われているでしょう。ぼくも「私事の組織化としての公教育」、そして「一人ひとりのものであると同時にみんなのものとしての公共性の創造」こそが課題だ言ってきたものですから、共通するものがあるなと思って。

前川　それは私も勉強しました。個人の尊厳を軸にして、それを横につなぎながら公共的なものをどうつくるかという発想なんです。学校もそういうふうなものにならなきゃいけないと思っています。その原理は生涯学習のところで話されているけれども、学校のあり方としてそういうふうに考えてほしいわけです。学校運営協議会という……。

堀尾　前川さんはずいぶん大事な問題にかかわっておられたのですね。あれも父母参加の運動が先行してあったわけですが、それがああいうかたちで制度的にも保障され、学校というものをとらえなおす大事な契機になっていけばと思います。

前川　文科省も何もしなかったわけじゃない（笑）。

堀尾　新しい公共性という問題はそういう問題とも関係していますね。

前川　そのとおりです。

堀尾　国がやるものじゃない、しかし勝手に一人でやるものでもない、みんなのものとしてつないでいく、そういうことだよね。

前川　ええ。文科省は今、アクティブ・ラーニングという言葉をいうのに「主体的で対話的で深い学び」といっています。分かりにくいけれど、まず主体があって、他者との対話があって、学びを深めていく、ということです。これは、学校をどうつくっていくかにも言えます。まず一人ひとりの主体性があり、対話性があって、そのなかで関係性ができて、その関係性のなかで社会をつくっていく。その社会のなかに学校教育もあるということです。いわゆるコミュニティー・スクールといわれている学校運営協議会も二〇〇四年に法律ができましたが、関係者には「こんなものつくっていいのか」という人もずいぶんいました。私は、公教育、学校教育が変わる大きな契機になり得ると思ってるんです。

堀尾　コミュニティー・スクールというのは、戦後のぼくらの先輩、寺脇さんと対談された大田先生など、地域に根ざすということでかなりそれに近い発想でやられてきたわけですね。近年では三者協議会（教師、生徒、地域）の動き、長野の辰野高校がはしりでしたが。だから、アクティブ・ラーニングも言ってることはその通りなんだけど、今どきそれを強調するのは何なんだという思いもある。ラーニング、学びというのはもともとアクティブじゃないのかという思いがあります。

前川　そうですね。

堀尾　そしてまた、文科省がアクティブ・ラーニングというのはこうだと上からマニュアルを流してくるじゃない。そうすると、教職関係の人は「面倒くさい」とか何とか言いながらやっているような構造ができてしまう。それが問題なんです。

前川　どんなことでも上から言われてやるというのはよくないですよ。

堀尾　そのとおり。だから、お二人の対談を読むと、ぼくらも文科省の方々を誤解していた面があるし、逆にそちらも、例えば教育研究者とか教育運動——研究運動をすすめていた人たちと交流していたら、と思いますね。ゆとり教育だって、なんで今ごろそんなことを言うのかという感じで受け止めた面がある。学習権も。僕なんか学習権論者として文科省にさんざんあいつはおかしいっていわれた。

前川　でも今、文科省に東大教育学部出身者は多いですよ。先生の流れを汲んでいる人たちもずいぶん入ってきていますよ。最初のうちは東大教育学部卒業者は少数だったんです。「おまえは宗像誠也の弟子なんだろう」と言われながら、肩身の

狭い思いをして仕事をしていたんですが、今は毎年二、三人入っています。

堀尾　そうですか。教育行政学の宗像先生は研究者だけじゃなくいい行政官にも弟子を育てようともしましたから。それこそ「奇兵（喜平）隊」になればいいと思うけれども（笑）。

前川　「奇兵（喜平）隊」なんてものは本当にないんですよ（笑）。

八〇年代末～九〇年代初めのパリ、ユネスコ

堀尾　話は変わりますが、前川さんのような人物がどういうふうにつくられてきたのか、ということです。ぼくも法学部から教育を選びなおしたんだものだから、重なることもあるのかなと思って興味があるんです。それと、八九年から九二年でしたか、パリにおられたでしょう。

前川　ユネスコの代表部にいました。

堀尾　ちょうどそのころ、ぼくも半年パリにいたんですよ。前川さんのある種の広さというのは、そういう外から見る目も身につけたからだろうなと思うんです。

それにあのころ世界が動いている……。

前川　おもしろい時代でしたね。私が着任して早々、ユネスコの執行委員会があって、その最中に天安門事件が起きました。翌日、執行委員会に行ってみたら、各国の執行委員が次々に発言して、中国政府はおかしいと中国の人権弾圧を批判した。最後に中国の執行委員が発言を求めて、「皆さんの中国人民に対する同情に感謝する」と言ったんです。その翌日、彼は亡命しました。そういうおもしろいというと語弊がありますが、劇的なことがあったりしました。ベルリンの壁が崩れたのもそのころでした。

堀尾　八九年ですね。

前川　ベルリンの壁が崩れて、それまで東ドイツと西ドイツでそれぞれ加盟し代表部もあったんですが、西ドイツに統合されるかたちで一つの代表部になった。それまで西ドイツの代表部の人とはいろいろ付き合いがあって、意見交換なんかしてたんだけれど、私がしょっちゅう顔を合わせていた西ドイツの書記官が統一ドイツになったとたんにいなくなってしまったんです。「彼はどうしていなくなったんだ」と聞いたら、「彼は東のスパイだったんだ」て聞かされて、そんなことがあるのかと驚きましたね。北朝鮮も加盟国でしたから付き合いもありました。もちろん韓国の代表部の人たちとも仲良く付き合いました。

堀尾　僕もユネスコで両方の代表が来ているのを見てましたよ。

前川　そうですか。そういう時期だったんですけれど、一方で、日本の文科省と外務省とはユネスコに対するスタンスが違っていて、文科省は教育や文化の事業をベースに、いい仕事を一緒にやりましょうよという考え方ですが、外務省は日本のプレゼンスを高めるとか、アメリカとの関係を常に気にする。私がユネスコ代表部にいた時期はアメリカが脱退していたときで、外務省はユネスコを改革してアメリカが戻ってこられる条件をつくる。それが日本の役割だという考え方でした。

ユネスコを改革するってどういうことかというと、結局、アメリカが「これなら戻ってきてやるよ」というような状態にすることです。東西対立はもう崩れ始めていましたから、中東問題ですね。ユネスコは往々にしてアラブ側、パレスチナ側に流れるケースが多いわけですが、それにストップをかけたいというのが当時の外務省の考え方でした。そこで、出した結論が憲章を改正すべきということでした。

当時のユネスコの執行委員は個人だったんです。ドクター○○、ミスター△△、ミズ××というものでした。加盟国の推薦はあるけれども、そこに座っているのは個人で、しゃべっていることは個人の意見。それを集めて一つの意思を形成していく。ユネスコの理想として国境を越えた教育・科学・文化の関係者が交流することが大事なんだという思想に基づいていますから、執行委員会も国ではなくて個人がメンバーシップを持っているという考え方だったんです。しかし外務省は、これがいけないと言い始めた。プレートは誰々という人の名前ではなくてジャパンとかフランスとかいう国の名前にすべきだという憲章改正を持ち出した。

じつはそのときの日本の執行委員は、外務省出身でもともと大使だった人でした、この人が訓令を聞かないんです。「僕の考えがあるから」といって。しかもパレスチナの代表なんかとものすごく仲がいい。それに対して外務省は業を煮やし、しかし任期があって途中で変えることはできないので憲章改正を提起したわけです。

堀尾　実際にそうなったわけですか。

前川　なったんです。悪名高いジャパン・アメンドメント、憲章改正です。私はユネスコ代表部に勤務する何年か前にケンブリッジ大学に留学したんですけど、ユネスコのポリティサイゼーション、ユネスコの政治化をテーマに修士論文を書きました。当時はアメリカに追随してイギリスも脱退しようとしていたときで、ユネスコがポリティサイズされている、本来、教育・科学・文化の協力をすべきなのに政治的に利用されてしまっている、しかもその理由は東側とアラブだというものです。しかし、ポリティサイゼーションを辿っていくと、最初にそれをやったのはアメリカなんですね。マッカーシズムを受けてユネスコ事務局の中で赤狩りをやった。当時のユネスコの事務局長はエヴァンスというアメリカ人でしたが、彼がユネスコ事務局内のアメリカ人で共産主義に近いと目された人をパージしたんです。

ユネスコは、政府間機関ではあるけれどもノンガバメンタルな要素を取り入れた国際機関です。その要素は、一つはナショナルコミッション（国内委員会）。ユネスコは政府として加盟するだけではなく教育・科学・文化それぞれの分野で仕事をしている人たちの代表者がナショナルコミッションをつくり、そのつながりをつくっていく。これは国境を越えて教育の世界、文化の世界、科学の世界でつながり合うということです。

堀尾　そうですよね。もともと第一次大戦の後に原型はできるわけでしょう。ヨーロッパの知識人の協力グループとして。それこそあれは個人がやっているわけだからね。

前川　その伝統を引き継いでいるんです。もう一つは、エグゼクティブボードというんですが、執行委員会のメンバーシップは個人だということ。もう一つはNGOとの関係を広範につくっていく。この三つの特徴、ノンガバメンタルな要素が憲章自体に貫かれている。そうすることによって、戦争は人の心のなかに生まれるものだから、人の心のなかに平和の砦を築くんだという理想を実践しようとしていた。

私は、ユネスコ憲章を中学生か高校生のときに目にして、いいこと書いてあるなあと思ったんです。だけど、私が実際にユネスコ代表部でやらされた仕事はそれに逆行する、つまり国境を越えたつながりではなくて、国と国との……。

堀尾　ポリティサイゼーションをやされちゃったわけだ。

前川　やりたくない仕事第一号みたいなものですね。ユネスコ憲章改正をやらされた。

堀尾　面従腹背の最初だ（笑）。

やりたくないことをやらされるとき

前川　ユネスコ憲章の改正と教育基本法の改正というのは、いずれも私はしたくなかった仕事ですが、やらされた。

堀尾　当時は、子どもの権利条約もありましたね。八九年に条約になり九四年に批准しますが、そのころパリから見てたわけだ。

前川　かなり傍観者的でしたけれども。

堀尾　あれだって、外務省は難民や第三世界の子どもの権利問題だということで、難民課が担当したんだから。そういうセンスですよ。そして、日本は子どもの権利は守ってると言い募る。ついでに言うと、この二月に子どもの権利条約絡みで、市民ＮＧＯの報告書を持ってジュネーブに行くんです。国連子どもの権利委員会が政府に報告書の提出を求め審査し日本政府に勧告を出すための参考にＮＧＯがプレセッションをやるんです。子どもの権利委員会はこれまで日本政府に対して、非常に競争的なシステムのなかで子どもたちは発達的にも困難な事態が生じていることをくり返し指摘し改善勧告をしてきていますが、今度の政府報告書では、そんな事実はない、証拠があるなら出せといっているんです。

前川　えっ、そんな政府報告を出しているんですか。知りませんでした。

堀尾　すごく強気というか、そんな政府報告を出したところはないでしょう。人権委員会などでもいろいろあるけど、証拠があるなら出せなんて本当にひどい。あれも官邸主導になってるんでしょう。

前川　これまでであれば、外務省が文科省と連絡をとりながら出していたと思うんですけれど、今は国連系統の人権問題について官邸が非常にぴりぴりしている。

堀尾　昨年、言論と表現の自由に関するデービッド・ケイ特別報告者がまとめた対日調査報告書に対してもも非常につっけんどんな対応をしたでしょう。あれが今の政府の姿勢なのですね。それが子どもの権利問題にも反映している。

前川　そうだと思います。そもそも今の政府は人権感覚のない政府ですし、教育勅語を本気で復活しかねない人たちですから。

堀尾　文科大臣をやった下村さんは、歴代の文科大臣が教育勅語にもいいところがあると言っていたのを、彼は全部いいって言った。許し難いですよ。

前川　それは全部だめですよ。私は、下村大臣の下で初等中等教育局長をやっていたわけです。

堀尾　しんどかったろうなあ。

前川　衆議院の文部科学委員会ですが、教育勅語についての質問が出たんです。質問者は教育勅語を学校で使えという人です。「教材として使うべきだと思うが、いかがか」という質問で、示し合わせてやったんじゃないかと今になって思いますが、局長が答弁することになっていました。私が局長ですから、従来と同様に、これは参院で失効確認決議、衆院で排除決議が行われていて、教育の理念として使うことができないと言って、基本的に学校で使うことには否定的な答弁を用意していたわけです。ところが、大臣から答弁を見せろと言われました。普通、局長答弁は局長の責任で答弁する。大臣が答える質問については、答弁をつくってこれでいいですかと見せるんです。それを、局長答弁を見せろと大臣から言ってくる。

それでお見せしたところ、「これじゃだめだ。教育勅語にも普遍的な内容が含まれている。その内容に着目して学校の教材として活用することは差し支えないと言え」というんです。夫婦仲良くとか、友達を信じ合いましょうというのは麗しい人間関係かもしれませんが、全部それは天皇中心の国体思想のなかに入っているわけですから、全然普遍的じゃない。とてもじゃないけれど、そこだけ取り出すことはできないし、最後は天皇のために死ねとあるわけで、そんな徳目をちょっとだけ引っ張り出して、これはいいというわけにはいかないものだと思うんです。

しかし、とにかくそういう答弁をしろと言う。それで実際、私は答弁をしたんです。ですが、「差し支えない」と言い切ることはどうしてもできなかったので、「普遍的な内容に着目して活用するということは考えられます」みたいな、曖昧な答弁をしたんです。そしたら大臣が自分で手を挙げて、「差し支えない」と言い直したんです。

これも本当に嫌々でした。教育勅語を使ってもいいなんていう答弁をするのは本当に嫌でしたね。ただそれが今の政府見解につながってきています。

堀尾　閣議決定されていますからね。

前川　あれも憲法、教育基本法に反しない使い方だったらいいと言っているんですけれど、そういう使い方があるとすれば、歴史資料としてしかありません。そういう使い方しかないと言えばいいと思っているんですが、とてもじゃないけど言えませんでした。

教育を選ぶ、人に恵まれる

堀尾　ほんとに苦渋ですね。ちょっと戻りますが、これから何をなさるかということとも関係するんですけれど、法学部を出て文科省、教育を選んだのはどうしてなの？　ぼくの場合はいきなり教育を変えたいというより、少しニヒルな時期があって、政治学コースにいながら人間って何なのか考えたい、自分を変えたいと思い、それで教育に行って学ぼうとしたわけです。前川さんとはステップが違うんだけれども、教育への思いというのはどこか共通してるんじゃない？

前川　文科省を選んだのは、やはり本当の人間の幸せって、心というか、精神からじゃないかなと思ったのが大きいですね。当時、高度成長から安定成長とか成熟社会とかと言われた時代で、経済で豊かになるんじゃなくて人間らしい生き方で豊かになる、幸福になるということが大事じゃないかと、そういう時代の風潮もあったと思うんです。それで役人になるとしても、カネやモノにかかわるんじゃなくて、人にかかわることがしたいなと。そうするとやはり文科省だったんですね。
といっても、私だっていろいろと教育裁判の判例なんか読んでましたから、私の考えと違うことはわかっていて、始めから面従腹背を覚悟して入ったんです。何かできるだろうと思っていたんですが、やりたくないことをさせられたことのほうが多かったような気がします。それでも、私のできる範囲で、先ほど申し上げたコミュニティー・スクール、学校運営協議会の仕組みを広げていくとか……。

堀尾　義務教育費国庫負担を守った……。

前川　これは防衛戦争でした。教育の機会均等をどうやって守るかというのは考えました。

堀尾　朝鮮高校も含む高校無償化の問題、しかも学習権保障という視点からやられたし、少人数学級のことも積極的に考えられたでしょう。先ほども出た性的マイノリティーの問題とか、そういう大事なことをやられたと思いますよ。やれなかったことはいっぱいあるでしょうけれど。教育機会確保法には、子どもの権利条約についても触れている。前文のところに入っています。珍しいんですよ。初めてです。厚生省で、児童福祉法に最近入りましたが。

前川　議員立法だからできたというところがありますね。自民党から共産党まで入っていて、自民党の中心になったのは馳浩さんですが、自民党の中ではかなり人権意識の高い人だと思います。ＬＧＢＴにもすごく前向きです。私はそういう、ときどき心ある政治家に巡り会えて、それで何とかなってきたんです。国庫負担を守るというときも、保利耕輔さんがいらっしゃいました。保利茂さんの息子さんです。「義務教育費国庫負担制度は大事だ。守らなきゃいかん」と、自民党のなかで頑張ってくださったんです。保利さんは自治大臣も文部大臣もやられた方で、国庫負担問題は、文科省と総務省（文部省と自治省）の対決で、総務省は国庫負担金をなくして一般財源にすると言っていましたから、両方の大臣をやった経験者が文科省の味方になってくれたわけです。

私が何か仕事ができたというときには、いい政治家の人に巡り会えたということはあったと思います。やはり行政は政治の下でやっているものですから、行政が自立的に何かできるということはあまりないので、やはり政治の了解の下でやらないとできないんです。とんでもない場合もありますが、そのときにはじっと我慢して、この人の下だったら、これだったらできるということは一緒にやる。下村さんの下でも例えば高校生のための給付型奨学金ができたわけです。今度、大学生のための給付型奨学金もできました。これはこれで私は評価すべきだろうと思っているんです。

堀尾　そうですね。これからの活動としてはどういうことをお考えですか。話を聞きたいという人がたくさんいると思うんだけれど。

前川　そうなんです。今はリクエストに応じてあちこち行って話しているんですが、このままやっていると身がもたない（笑）。ですが、できるだけ現場の人たち、先生に限らないですけど、現場の人たちに語りかけたいと思っています。とにかく忖度するなといいたいのです。忖度全体主義とか、忖度ファシズムといってもいいような、そういう状況が生じつつあると思うものですから。だれに言われたわけでもないのに、例えば「梅雨空に九条守れの女性デモ」という句を、これは公民館の広報誌に載せちゃいかんと公民館側が自主規制というか抑制してしまう。触らぬ神に祟り無しみたいになって。

堀尾　その件は裁判になり、私も裁判所に意見書をだしたのですが、掲載拒否は不公正だという判決が出たでしょう。それに対して、市・公民館側は控訴した。だからやっぱりそういう力が働いているんじゃないかと改めて思う。はじめは忖度だったろうけど、公民館の職員が頑張れないような構造、忖度を強いる構造ができている。

前川　やっぱり政治がそうなっているということですね。国から地方まで九条は変えるべきという人があちこちで多数を占めてますから。そういうもとではどうしても力が働きます。

堀尾　だから、前川さんがいろいろなところで話してくだされば、お役人の世界も大変だけど、頑張っている人もいるし、我々と思いを共にしている人もいるということで元気も勇気も出てくると思うんです。ほかにもやるべき事がみえてきているると思います。そこでご自身も学ぶ。どうぞ、体を大事にしてがんばってください。ぼくらもがんばりますから。今日はどうもありがとうございました。

前川　私も先生とお話ができてうれしかったです。ありがとうございました。

（二〇一八年一月一八日、『季論21』40号＝二〇一八年春号）

3

すべての人に「学習権」の保障を

前川喜平×山本健慈

山本健慈
（やまもと・けんじ）

一九四八年まれ、社会教育・生涯学習論、子育て支援システム論。国立大学協会専務理事、前和歌山大学学長。著書に『地方国立大学 一学長の約束と挑戦』（高文研）、『主体形成の社会教育学』（北樹出版）、『大人が育つ保育園』（ひとなる書房）など。

原点は「差別はいけない」という母の教え

山本　現在、憲法改悪に向けた動きが進んでいます。また、文科省組織改編案が出され社会教育の看板がはずされようとしております。今前川さんは、さまざまな市民の学習の場に出られたり、フリースクールや夜間中学のおつき合いなどまさに生涯学習の場と関係しておられます。

前川　文科省時代、社会教育にはほとんど携わっておらず、社会教育については素人です。ただ、現役時代「学校と地域の融合教育研究会」では秋津コミュニティ（千葉県習志野市秋津小学校）の岸裕司さんと出会い、今もコミュニティスクール研修会で長野県木島平村には毎年行っています。文科省職員も役所に閉じこもるのではなく、いろんなところに行っていろんな人と出会ったらいい。

山本　前川さんの主張の核には〝個人の尊厳〟が据えられています。これは、何か人生のなかでの体験に根ざしているのですか。

前川　子どものころから格差ということを意識していました。私は、奈良県御所市の旧秋津村で、一九六一年に小学校に入学、三年生の夏に東京に転校しました。御所市は水平社の出発点とされる地です。生まれ育った集落の隣には被差別部落があり、同級生もいました。子どものころはそこが被差別部落だということは知らなかったし、差別があった歴史も知らなかった。後から考えるとまわりの人たちは相当差別をしていました。幸運だったのは、母親はそういう差別意識をもっていなかったことです。母は東京出身、しかも帰国子女でした。いなかで育ちましたが、いなかの因習に染まらず育ちました。母の影響かな、と感謝しています。

山本　そのほかにおかあさんから影響されたことはありますか。

前川　そのいなかにも高度成長期に工場ができ、明らかに黒人のハーフの子が学校にも入ってきました。私は差別しちゃいけない、友だちだという気持ちをもっていて、休み時間にその子を仲間に入れるとほかの子から何でそうしたといわれるのです。また、母は私を自家用車に乗せて町までピアノを習わせていました。ある日帰る途中、その子が歩いていたので乗せてあげました。その子はお使いの帰りで、一升瓶を抱えていました。その子をおろした後、母は、私にその子が何を持っていたかわかるか、というのです。一升瓶にはお米が入っていたのです。あの子のうちは貧しいから、一升しか買えないのだと教えられました。

山本　一年生の子にそう教えたのですね。

前川　そうです。父からは、もう少し大きくなってからですが、仏教の影響を受けました。おしゃかさまは何不自由なく裕福に過ごしていたのに、病気の人や貧しい人が苦しんでいるときに自分が豊かな生活をしていることに矛盾に悩んでお城を出るお話です。

山本　前川少年とかさなったのですね。

前川　うちは裕福な暮らしをしている、周りと違う。祖母なんか、小学校一年生一学期のとき、なんでうちの子が、体育が四なのか、学校に怒鳴り込んだのです。おそれをなしたのか、二学期からその後はすべて五でした。

山本　そんな数々のことが心に止まったのですね。

前川　こんなことしちゃいかん、こんなことに権力を使っちゃいかん、と。

山本　前川さんはそれを不合理と、強く感じられたのですね。

前川　その不合理さをさらに確認したのは東京に来てからです。小学校三年生二学期、東京に来ると成績が下がるし、私は、泳げなかったのに、東京の子はみんな泳げる。言葉遣いもばかにされ、学校へ行く時間になると頭やおなかが痛くなる、三年生のときは行ったり、行かなかったり、不登校でした。母は学校へ行きなさいとは言わず、寝ていなさいとしか言わなかった。無理な登校刺激を与えなかったのです。私の育った環境は幸いしましたが、そういう状況にない子がたくさんいるのが心配です。単親家庭や親がうちに帰ってこられない、周りに大人がいない状況で育たなければならない子どもに豊かな環境をつくってやらなければならない、それは意図的、政策的にやらなければならない、と。

「人間らしく生きること」の基礎は学習

山本　こうしたご経験が、人間が生きていくための基礎は教育（学習）にあると思い至られたのですね。

前川　学ぶことによって、人間は人間らしい生活をおくれるようになる。憲法はさまざまな人権を保障していますが、さまざまな人権があったとしても、学習権が充分に保障されなければ実現できない。学習権の前に生存権があり、二五条のうえに二六条の教育を受ける権利がある。主体的に学ぶ権利がある、ということです。学習権がきちんと保障されないと、ほかの基本的人権も実現できないのです。

山本 〝個人の尊厳〟があり、幸福を追求する権利を実現するためには学習権が保障されなければならない、ということですね。

前川 小学生の時、毎日『ひょっこりひょうたん島』をみていました。勉強の歌があります。子どもたちが「勉強なさい、勉強なさい、大人は子どもに命令するよ、そんなの聞きあきた」と歌うと、先生が「いいえ、いい大人になるためよ」「人間らしい人間、そうよ人間になるために、さあ勉強なさい」と歌うのです。私は「そうか、人間になるために勉強するんだ」と小学校四、五年生の時にそう思いました。学習することがすべての人間らしい生き方のベースです。

山本 それが、不登校問題、夜間中学、障がい者の教育など、一人残らず、政策的に手当てをするべきと広がっていくのですね。

前川 見はてぬ夢を追求しなければならない、その任務を文科省は負っています。最後の一人まで、漏れている人がいる限りは仕事は終わらない、そう自覚しなければいけない。

学びの本来の姿は社会教育にある

山本　成人など社会教育における学びについて、どうお考えですか。

前川　社会教育学は学習の本来の姿です。主体性をもって自ら学びたいことを学ぶことは、自主夜間中で経験しています。彼らは学びたいことを学んでいます。文科省で臨教審に出会えたことは幸いでした。臨教審は評価すべきところと批判すべきところがありますが、〝いいとこどり〟すれば、〝個人の尊厳〟をあげていることです。学校中心、学校歴社会ではなくて、生涯学習の体系に変えていこうと。〝教育の自由化〟というキーワードも〝学びの自由〟ととらえ直しました。それ以前の文部省は古色蒼然としていましたので、その路線を打ち出したことに大きな意味がありました。文部省に入って以来、自分の内なる価値観と齟齬が生ずる状況の中で、三八年間仕事をしてきましたが、臨教審は新しい地平を切り開いてくれたと思っています。

山本　臨教審については、前川さんも、新自由主義と国家主義が合わさったものであると認識しておられたのですね。しかし、これを「古色蒼然」たる従来の政策を転換する、〝教育の自由〟〝学びの自由〟の保障の政策に転換するチャンスをとらえられたわけですね。

前川　臨教審の答申をよりどころにして、〝個人の尊厳〟や〝学びの自由〟を政策に打ち出していこうと努力してきました。しかし、次第に国家主義的なモードが強くなり、そして森首相になって教育基本法改正へとつっぱしった。コミュニティスクール構想は、初めは新自由主義的な発想から、だれでも自由に学校をつくればいい、ということでしたが、制度化したときには公立学校の運営に地域住民が参画する仕組みに変えました。しかし、その後市場原理万能の考え方が広がるなかで、株式会社が学校つくっていいという特区制度までできてしまったのです。

教育行政の役割は環境整備

山本　前川さんのいわれたように、社会教育のなかに、本物の学びがあると私も考えますが、しかし、その学びを保障する行政・財政については、とくに自治体は苦戦しています。

前川　学校教育には国庫負担制度があり、ちゃんと人もものも配置されているし、財源も法律で担保されていますが、社会教育にはそれがない、派遣社会教育主事の補助金もなくなり、社会教育主事も目に見えて減ってしまった。フルタイムで働くコーディネーターがいなければ社会教育は進められないはずです。

山本　人生一〇〇年時代、前川さんは、すくなくとも二〇歳までの教育を公的に保障しましょうと。中学校、高校出て職人になる人も、大学に行きたいと思ったら保障したい、と言っておられます。職業と学習、生活と学習を結びつけて教育を構想するという考えは早くからもっておられたのでしょうか。

前川　大学に行きたいと思ったら行けるようにする。これからは個人に重心をおいた形で、職業生活と学習と往還するような学び方を広げていくべきだと考えます。

生涯学習社会とはそういうものだと思います。今の国会で裁量労働といっていますが、労働者に負担を強いて、非正規労働を増やしたり、際限なく働かせたりすることをやりかねず、「生涯学習社会」とは対極で心配です。

山本　それで、二〇歳《はたち》までの教育を無償化が大切といっておられるのですね。

前川　現在は八〇パーセントの人が進学するなかで、進学しないのは経済的理由が大きい。児童養護施設出身者の高等教育進学率は二割台、生活保護家庭からの進学率は三割台、つまり経済的に苦しいから進学できないのです。すでに高等教育はユニバーサルの時代に入っています。高等教育を受けられないことが大きなハンデキャップになっています。民主党政権の時、一五歳までの子どもについて扶養控除を全廃し、そのかわりに「こども手当て」をつくったことはまっとうな政策でした。教育費負担は家計に頼るのではなく、一人ひとり、個人の学生に対して与えるべきですね。

山本　社会教育、成人教育、リカレント教育など、どこまで公費負担できるとお考えでしょうか。

前川　高校無償化の一つのポイントは中退者の学習の扱いです。入学年齢の制限なし、四〇歳になっても対象になります。「あつぎえんぴつの会」でも八〇歳の方が高校に入りました。いくつになってから高校に入ってもいい。中退した人でも、入り直してからさらに卒業するまで就学支援金でカバーできるようにしました。高校は進学率九八パーセントを越えて準義務教育、ほぼ全入です。高等教育にまで無償化を拡大するにはもっと時間がかかるでしょうね。

政治教育・主権者教育は子どもから大人まで地域で

山本　一八歳から選挙権をもつようになりました。主権者を育てる教育ですが、一八歳から始まるのではなく、幼少のころから、自分の世界は、自分で決めることができるんだという感覚、認識をどう培うかが大切だと思います。旧・教育基本法前文には「憲法の理想の実現は教育の力にまつ」という言葉がありましたが、主権者としての学びを子どもからおとなまで貫く、ということは考えてこられましたか。

教育基本法八条にもちゃんと政治教育がありますね。

前川　主権者教育については一八歳選挙権になり、ようやく政策課題になりました。主権者教育が、教育行政の一つの課題が浮上してきたことはいいことです。長野県木島平村では、中学生から村議会議員まで地域の人が集まって、年齢ごちゃまぜ、肩書捨てて村のことを語り合う。

身近な課題から考えることからやるべきと思います。子ども自身も、学級活動やホームルームの活動を通じて、学校というコミュニティの生活のあり方を語り合うことが大切です。また、これからの学習は、学校と学校外の生活も含めて考える場を学校のなかでも外でもつくり、それがつながっていくところに「総合学習」があります。そこに地域課題に対する当事者意識の芽生えがあります。そして、学び、考える、対話していく習慣をつくることが大事です。木島平は米しかつくれないと思いこんでいる、米だけに依存していていいのか、TPPとの関係を自分たちの将来のこともあるので中高生たちが真剣に考えています。サシバ（鷹の一種、渡り鳥）が夏に来て子育てしてマレーシアに帰っていく。世界とつながっているのです。マレーシアと日本で生息を観察して、交換し合い勉強するのは面白いのではないでしょうか。地球にもつながっていることを少しずつ学んでいけるといいですね。

憲法をどう学ぶか

山本　地域課題について大人が学習するということは、必然的に政治の問題、地方自治とはつながっていきます。だからこそ、「住民の学習の自由」の保障が大切です。ところが町村合併で公民館が再編成され、統廃合されていますし、社会教育主事等専門職も減り、住民の学習の自由を保障する条件整備が衰弱し、そのなかでさいたま市三橋公民館の九条俳句不掲載問題のように、教育行政・公民館が市民の憲法的自由（表現の自由）を侵す深刻な問題も生じています。地域で学び合う社会教育を憲法学習とつなげていき、憲法をいかしていくにはどうしたいいでしょうか。

前川　政治的反対論の発表の場をなくすことは危ない。公民館の忖度は危ない。

山本　家庭教育支援法案（議員立法）などつぎつぎと出てきていますね。

前川　家庭教育を支援するという言葉は悪くはないが、支援という言葉で介入することがあります。二〇〇六年の教育基本法改正で、家庭教育について、親に対し一定の努力を義務付けました。文言の最後の「ものとする」という言い方は法律用語で、義務づける意味です。国家と家庭を結びつけ、親に「こうせい、ああせい」という国になりかねない。

山本　文科省の家庭教育支援政策でいえば、私も加わった「家庭教育支援の推進に関する検討委員会報告書」（『つながりが創る豊かな家庭教育』二〇一二年三月）で、親の責任にせず、親の努力を超える困難のある時代だから、親の努力を多様な方法で応援しようという方針を出しています。今立法化されようとしているものは、むしろ親を追い詰めるものです。

前川　この二〇年ぐらい、政治が教育にかかわって制度がかわってきました、教育委員会における合議制をかろうじて維持できましたが、教育長の任命責任を首長に移したことは大きな転換でした。合議制は残さないと、学校教育、社会教育含めて教育行政は政治的存在に左右されて

しまう。代議制民主主義は行政を行なううえで必要な仕組みだと思いますが、民主的に選ばれたからといって何をしてもいいということではありません。さまざまな少数者がもの言える空間を確保しないと社会はよくならない。今権力を握っているものに支配されてはいけない、そのためには合議制で、いろんな意見をもっている人が集まって、議論をしながらコンセンサスを得ていく体制が必要です。

山本　社会教育行政でいえば、判断や意見が対立する成人の学習、学びを通じて共通認識（合意）に至るという社会教育の独立性は大事ですね。

教育行政の役割は市民の学習を支えること

前川　国でいえば公正取引委員会、人事院など合議制の行政機関もありますが、文部科学省はそうではありません。だからこそ、中央教育審議会の存在が重要です。中教審には、いろんな分野の人が集まって議論を交わすことによって、コンセンサスをつくっていく本来の役割があるのに、安倍政権後、政治的に審議会を変えられ、審議会より上位のものをつくり、総理官邸から宿題を出されるようになってしまいました。中教審は教育再生実行会議の下請け機関になってしまっています。

山本　文部科学省組織改編が二〇一七年八月末の予算概算要求で突然出されました。省内的にも突然であったのも異例でしょうが、「社会教育」でいえば一〇〇年、「生涯学習」でいえば三〇年、社会が創りだしてきたものを、こういう形で改変するのは、遺憾なことだと思いますが。

前川　組織改編自体の議論は在任中に始まっていましたが、私は、教育委員会制度などを生涯学習政策局にもっていくべきだと思っていました。生涯学習政策局が中心になって、高等教育局、初等中等教育局があり、それぞれの分野を担当する、と考えていました。

山本　今後の教育行政に対してエールを送っていただきたい。

前川　教育委員会が形骸化しているところと活性化しているところと差が大きい。最終的には、根幹は学習権を核にして仕組みをつくっていく、そのためには、一つはきちんとした環境整備、一定の財源が投入されなければならない。それから、政治との距離・関係をきちんと整理する必要があります。今は国も地方でもむき出しの政治権力が大きくなっています。文科省は官僚主導があってはいけない。審議会を大事にして議論を尽くすことが必要。これは文科省のＤＮＡです。その重要な機関が中教審です。審議会は独立した機関で、大臣は命令できない。審議会ではいろいろな立場の人がそれぞれ、意見を語り合っていただき、忖度をせずしっかりと審議することが大事です。

"個人の尊厳"をもとに市民の主体的な学習が公共を創る

山本　臨教審から始まった市場主義が、教育体系の全体を覆うような状況にどう立ち向かったらいいとお考えでしょうか。

前川　社会を分断せずに、自由な個人がつながりあって、パブリックな世界をつくっていくこと、公共な社会に向けて地道に議論しながら維持していくしかない。ほうっておくと市場主義にさらっていかれます。"個人の尊厳"をもとに、自由な人間同士が集まって、公共を創っていく、その核になるのが生涯学習です。ふんばって学んでいくこと。王道はない。自覚した人たちが自分の周辺でやっていくしかない。憲法を理解していない人が大多数です。やはり学ばなければならない。臆することなくやってほしい。高校の先生たちにも、まず憲法改正を題材にして主権者教育をやってください、と言っています。

山本　ありがとうございました。市民一人一人が学習を積み重ねることがいい公共を創っていく、それが社会教育の役割なのですね。

前川　私も、夜間中学のボランティアをやって学習することによっていろいろ考えを展開させていくことができることを学びました。

（二〇一八年二月二〇日、『月刊社会教育』二〇一八年六月号）

4

子どもの学習権保障は憲法の大前提

前川喜平×木村泰子

木村泰子
（きむら・やすこ）

大阪市生まれ。一九七〇年に教員となり、二〇〇六年から二〇一五年まで大空小学校の校長を務め、「すべての子どもの学習権を保障する」という理念のもと、教職員や地域の人たちと協力し学校運営をすすめた。現在は全国で講演活動などを行う。著書に『「みんなの学校」が教えてくれたこと』『「みんなの学校」流・自ら学ぶ子の育て方』（ともに小学館）、『不登校ゼロ、モンスターペアレンツゼロの小学校が育てる 21世紀を生きる力』（出口汪氏と共著・水王舎）がある。

大空小学校はインクルーシブ教育!?

前川　今日はよろしくお願いします。

木村　よろしくお願いします。

前川　木村先生が校長先生をやっておられた、大阪市の大空小学校を撮影したドキュメンタリー映画『みんなの学校』は、文部科学省内でも上映会をやりましたね。木村先生には文科省までおいでいただきました。

木村　『みんなの学校』に皆さんが関心を持ってくださって、大空小学校はインクルーシブ推進校だとか思われています。でも私たちは、インクルーシブ教育のイの字も語ったことがないんです。

前川　インクルーシブ教育を進めようとする観点から見ると、これこそ理想の学校だと思います。

木村　子どもの学習権を保障するというのは、そもそも憲法の大前提なんですけどね。今は、暴れるからという理由で子どもが教室から排除される。そういう子どもたちが大空小学校の学区に引っ越してくるんです。〝満員御礼〟ですっていっても来ちゃう。

前川　公立ですものね。来る者を拒めないわけだから、みんな来る。

木村　引っ越しして学区地域に住所があれば、大空の子どもですからね。子どもたちにとっては、地域の学校に来るのはごく当然のこと。学校は、どんな個性の子でも、どんな特性があっても、義務教育を保障しなくてはいけない。大空小学校だから受け入れるみたいな言われ方をされるんですけど、そうではないです。

前川　インクルーシブ教育は、非常に微妙で難しい問題です。特別支援学校、特別支援学級は廃止すべきだという強い主張があるわけです。これは昭和五四年に養護学校義務制が始まる前からあった議論です。

木村　学校を辞めて一年目、この映画が世に出始めたころは、いろんなセミナー

に呼ばれて講演に行くと、特別支援学校の先生たちの中で「自分たちの仕事を否定するのか」と怒る方がけっこういらっしゃいました。『みんなの学校』は特別支援教育のエリアをおびやかす、みたいな抵抗感があったんですね。

前川　そういう見方もありますよね。

木村　でもそれから三年が経って、今は特別支援学校の先生たちが『みんなの学校』を広めてくれているんですよ。その背景には、特別支援学校が本来のニーズが果たせなくなってきているということがあります。地域で育つべき子どもが、ちょっと違うからといって排除されたり、低学力の子どもが別室に行けと言われたりする状況が急増しています。そんな子たちが全員、特別支援学校に逃げてくる。生徒数が増えすぎて、特別支援学校の先生たちが困っているんです。だから最近、〝アウェイ〟だった特別支援学校の先生たちの集まりが、すごく〝ホーム〟なんですよ。

前川　なるほどね。

地域の人たちが運営する学校

木村　大空小学校は、二〇〇六年四月に開校しました。特別支援学級を置かないとか、そういうこともまったく考えていませんでした。当初は全校生徒が一八〇人ぐらいだったんですが、頭にあったのは、その子たちが安心して自分らしく学べる場をつくるのに必要なのは何かということだけ。障害があるから分けるという発想には立ちませんでした。子どもたちは、小学校の六年間で学んだことを、一〇年後の社会で使うわけですからね。そのときの社会は、「障害ある人はこっち、ない人はあっち」という社会ではないでしょう。

前川　大空小学校は、校長が替わって今はどうなっているんですか。

木村　校長が替わろうとびくともしないですよ。私の次の校長は三年間やり、今年また校長が替わって、三代目の校長になっています。

前川　教育委員会から来た方でしょう。

木村　そうです。「私はこの学校の理念を尊重している」とおっしゃって、何事もなく学校は進化しています。

前川　地域の人たちと教職員とが一緒になってつくってきた学校だから、校長が替わってもそう簡単に変わらないでしょうね。むしろ入ってきた校長さんが変わっていくんじゃないですかね。

木村　変わらざるを得ないんじゃないですか。大空小学校は、開校時から学校協議会をつくっていて、そこで学校の方針を決めるんです。今年四月、第一回目の学校協議会で、新校長は「今後、大空の教育を校長としてどう進めようと思いますか」と質問されて、「何一つ変えようと思いません。進化させます」と答えていました。

前川　学校協議会にいらっしゃるのはどういう方々ですか。

木村　大空の場合は、本当の意味で学校をつくるメンバーです。よく充て職で中学の校長が加わったりするんですけど、そんなのは校長同士の連携をすればいいこと。それより、柔軟な学びの場、多様な空気といった環境をつくろうとするならば、先生たちだけでは無理です。先生だけだとすごく画一的になります。それに先生は（転勤で）出ていったら、関係のない人になりますけど、地域の人はそこに生き続けるわけです。ですから、地域住民が地域の学校をつくるのは当たり前よという感覚で、地域住民と保護者が加わっています。
さらに、井の中の蛙にならないように、開校五年目ぐらいから、東大の小国喜弘さんや大阪市立大の堀智晴さんに有識者として来ていただいています。学校からは校長が入るだけで、子どもの意見をそこへどんどん入れていきます。

前川　学校協議会というのは、学校をつくったときからあるわけですか。

木村　大空小学校は独自にやっていたんですが、何年かしてから、大阪市が全校に学校協議会を設置しろという条例をつくったはずです。

前川　大阪市の制度として学校協議会をつくっているんですね。大阪市教育委員会も、地域の人たちが運営する学校というかたちを順次つくっていこうという政策を持っていたんですか。

木村　上半身はね。

前川　下半身がついていかないで（笑）。

「学校は、教える場じゃなくて、学ぶ場」

前川　大空はなんでうまくいったんですかね。やはり校長の姿勢によるんですかね。

木村　いやどうでしょう。校長が替わるたびに学校運営の方針が変わっていたら、とんでもないですよ。私は九年もいましたけど、ふつう校長は二年三年で替わっていくじゃないですか。でも子どもは少なくとも六年いるわけですからね。校長がなんぼのもんやねん、というところからスタートしないと。

前川　そうは言っても、木村さんという校長さんがいなかったら、ああはならなかったと思います。

木村　最初のスタート時点でしたからね。でも、それをマニュアルとか方針で残したら、だめだったと思うんです。空気として残っているから続いたんでしょうね。

前川　子どもの学習権を中心に置いて、地域や保護者がいっしょになってつくる学校だという空気。

木村　そうですね。学習権を保障することなら何でもオーケーですよね。言ってみれば。

前川　いちばん大事なものは何かという根本に、常に立ち返って考えるということですよね。

木村　公教育、憲法です。

前川　でも、目的と手段がひっくり返っちゃうことがよくあるんですよ。本来手段であるものが目的化してしまって。制度を守るためにとか……。

木村　目的は一個しかないんですよ。私たちの目的、パブリックな学校教育の目的は、すべての子どもの学習権を保障する、これ以外ないじゃないですか。学習権を保障さえすれば、子どもは自分に必要だと思う学力を確実に身につけますよ。もっと子どもの力を信じればいいと思うんですね。それなのに、教えたろう、教えたろうって、子どもが手を出してないのに、どんどん、どんどん手を出す。

前川　本来は、学習権という学習者の主体性、つまり学習者が学ぶということを基本にするのがいちばん大事なんでしょうね。教えるでなくて、学ぶというのが大事。

木村　学校は、教える場じゃなくて、学ぶ場ですよね。

前川　そう、「学」ぶ校って書くんですからね。

木村　大空小学校が特別な学校だと意識をされること自体が、今の教育現場の問題じゃないかと思うんです。大空でやっているのは当たり前のことです。

前川　いろんなところで話を聞いていると、なんでこういうことが起こるのかなということがある。いつだったか講演会の後で、ある保護者の方に、こんな話を教えてもらったんです。小学校の一年生か二年生かな、学校でドリルをやらされたんですって。絵の中に何匹か動物がいて、例えばウサギが五匹いる。それで、その横にウサギの絵が一〇個ぐらい縦に並んでいて、絵の中にいるウサギの数だけ、ウサギに色を塗りましょうというドリルだそうです。五匹いるから、五つ塗ればいいわけですね。その保護者のお子さんは上から塗っていった。そうしたら先生がバツにしたんです。これは下から塗るんですと。なぜかというと、答えがそうなっているから。棒グラフみたいなイメージですね。下から塗るんですよ、上から塗ってはだめなんですと。でも塗った子にしてみれば、なんで上から塗ってはいけないのか理解できない。

木村　飛び飛びに塗っても、五つ塗っていたらマルですよね。

前川　そうですね。でもその先生は下から塗らなければ正解じゃないと言い張った。保護者の方は、たいした話ではないと思いながらも、このままにしていいのかと思って、担任の先生と話をされたそうです。でも、らちがあかなくて、校長先生と話をしようと思ったら、じゃあ教頭と話を、となったんですね。で、教頭先生が持ち出したのは、「じゃあ、△にしましょう」（笑）。

これはもう原理も原則もない。とにかく妥協。両方黙らせたいということです。役人をやっているとその気持ちはよくわかるんですけどね。足して二で割って、どっちも不満だけど、とりあえず不満を均等化するみたいなね。

木村 今の教育現場を象徴した話ですね。でもそれが現実なんですよ。先生が、自分の考えを持たないということです。

あいさつの「正解」を教える道徳教科書

前川 これは文科省が悪かったのかなと思うんだけれど、こういう状況で道徳を導入したら……。

木村 最悪ですね。

前川 これは木村先生に教えてもらったんですが、教育出版の道徳教科書に、

「おはようございます」というあいさつの仕方の正解を、三択で選ばせる問題がある。

木村　ひどいと思われませんか。

前川　ひどいですよね。こうじゃなきゃいけないと思い込ませるわけですからね。

「おはようございます」と言ってからお辞儀しろと。

木村　（笑）まさにマクドナルドですね。「いらっしゃいませ」と言ってから頭を下げる。もう、終わってますね。

前川　航空会社のキャビンアテンダントの研修なんかでもそういうことはやっているんでしょうけどね。

木村　それはそれなりの目的があるわけですよね。でも、義務教育における目的って何やねんって話です。こういうことが大きな顔をして現場に下りてくるのが恐ろしいです。どこにもチェックがかからない。私だったら、「何でこんなおかしいことがあるのか」と絶対声をあげたと思うんですけど。今はそれがすうっと入ってくる。

そして〝正解〟があるわけですから、「正解は一番です。できない人、ペケですよ」と、先生が王国を築けるわけです。「これをやれと言われているから、私はただやっている。文句があったら、文科省に言ってください。できない子どもは社会で生きていけません」って。こういうことが四七都道府県で起きています。そこで排除された子は、〝発達障害〟というレッテルが貼られる。

前川　型にはまらないだけなのに。

木村　でも文部科学省的には、主体的、対話的、深い学び、でしょう。主体的って、自らすすんでということでしょう。対話的って、他者と自分の考えを伝えて相手の考えを聞いて、さらに考え直すということでしょう。深い学びって、一〇年先に使える学びということじゃないですか。こういうことを掲げながら、お辞儀は二番が正しいってどういうことでしょう。一＋一＝二なのに、一＋一＝一〇〇です、一＋一〇＝一〇〇ですって垂れ流す日本社会に危機感を覚えますね。

前川　話は飛ぶけれども、トップがウソをつきまくっていますからね。それをみんなウソだとわかりつつ、いやウソじゃないと言って収めていこうとする。

木村　あの姿を子どもが見て、どう思うんでしょうか。「あんなんだけちゃうよ。前川喜平さんがここにいてるよ」って言えることだけが子どもの頼りですね。

前川　そこまで言われても困っちゃう（笑）。

木村　私は自分が現場にいたら、全校道徳の時間に国会中継を流して、「どう考える？」ってやっていたと思います。当然じゃないですか。他人を批判するってことではありません。そうじゃなくて、子どもは、そのことで自分が学ぶんです。子どもが社会を学ぶ、ものすごくいい教材だと思うんです。

前川　そうでしょうね。自分で考えるための材料としては、非常にいい材料だと思いますね。

木村　ただ、あまりに程度が低すぎますね。学びの対象としては。

前川　そうですね。

「星野君の二塁打」の結論に納得できないときは……

木村　道徳続きで、「星野君の二塁打*」。ご存じですか。「星野君の二塁打」はまさに今、みんなが対話せなあかんテーマですよ。日大アメフト部のことがありますし。

＊「星野君の二塁打」はネット上でも議論になっている。中心部分は以下の通り（配信を転載）。＝バッターボックスに立った星野君に、監督が出したのはバントのサイン。しかし、打てそうな予感がして反射的にバットを振り、打球は伸びて二塁打となる。この一打がチームを勝利に導き、選手権大会出場を決めた。だが翌日、監督は選手を集めて重々しい口調で語り始める。チームの作戦として決めたことは絶対に守ってほしいという監督と選手間の約束を持ち出し、みんなの前で星野君の行動を咎める。「いくら結果がよかったからといって、約束を破ったことには変わりはないんだ」「犠牲の精神の分からない人間は、社会へ出たって、社会をよくすることなんか、とてもできないんだよ」などと語り、星野君の大会への出場禁止を告げるシーンが展開する。

前川　「星野君の二塁打」の線でずうっと教え込まれた選手が、どんなに理不尽で、人道に反するような指示であっても、監督に言ったことは全部絶対だと思わされる。

木村　あの話の最後にまとめの要項が書いてあるんですけど、内容をご存じですか。

前川　いや、それは知りません。

木村　今日持ってきてるんです。ジャ、ジャーン（教科書のコピーを取り出す）。「学習の道筋」のところに、「星野君の行動を通して決まりを守り、義務を果たすことの大切さについて考える」。これはまだいいですよ。問題は、その下の「押さえ」ですよね。「うつむいたまま動かなくなった星野君はどんなことを考えていたのでしょう」。

もし大空の子どもたちちゃったらと想像したら、「なんで勝ったのに、監督の言うことを聞くのや。戦争行け言われたら行くのか」みたいなことを思うやろうなと。でもそういう声が出たら、教師はきっと叱るわけですよね。そして、「うつむいている星野君に、あなたが声を掛けるとしたら何と言います

か」。これを授業の柱にして、やらねばならぬことが書いてあるんですよ。ひどいでしょう。

前川　うーん。

木村「星野君、ぜんぜん悪くなかったよ。結果として勝ったやんか。気にすることないよ」って、きっと大空の子どもだったら声をかけると思うんですよ。「監督の言うこと、聞きや」なんてだれが言いますか。でも、教室では「それで良かったよ」って星野君を肯定する声をあげたらいけないとされるわけでしょう。それで最後、「だれもが決まりを守らずに、義務を果たさなかったら、どんな世の中になるのでしょう」とまとめさせるわけですよ。

前川　僕だったら、みんなが決まりを守って、義務を果たすことしかしないとファシズムになりますと答えるけど（笑）。

木村　これが現実に日本の小学校五、六年生の現場で起こっているわけじゃないですか。

前川　いやこの前、ＮＨＫの『クローズアップ現代プラス』いう番組で、これを使った授業をやっているところを放送していたんですよ。教科化される前の話ですけど。ベテランの先生が「星野君の二塁打」を教材に使った授業をして、もうひとり若い先生が「お母さんの請求書」という話を使っている。この二つの授業を映し出していて、なかなかおもしろかったです。「星野君の二塁打」を使った先生は、これで決まりを守れという道徳的価値に誘導することにはどうしても納得できないんです。

木村　いいじゃないですか。

前川　先生は、自分で納得できないという気持ちのまま、授業を始めます。……監督の指示はバントだ、しかしきっと打てると。星野君の「最も好きな近めの高い直球」がきた。ここで読みを止めて、「皆さんどうする?」と聞いた。すると勉強できそうな男の子が「送りバントします」って言うんです。一方で別の男の子は「やっぱり得意なところに絶好球が来たんだから、これは振るでしょう。振っていいんじゃないか」ということを言うわけ。それで議論させたんです。

その議論のところはテレビではカットされていましたけれど、最後に女の子が「決まりは決まりとしてあるけれども、決まりをいつも守ることはないんじゃないか」、その場その場で判断していいんじゃないかとかということを言うわけです。その先生はその答えを一つのまとめにして終わるんです。

もちろん、それが唯一の答えというわけでもないですし、みんながそれぞれ考えればいいんだと思うんですけど。その先生はとにかく決まりを守れというところに持っていくことはしなかったんですよね。

木村　ふうん。

結論にはまらない意見を切り捨てる授業

前川　もうひとつ、「お母さんの請求書」という話を扱った、若い先生の授業があった。主人公の男の子はタカシくんだったかな。その子がお母さんに請求書を渡した。いろいろお手伝いをしたのを書き出して、これでいくら、これでいくら、合計五〇〇円とかお母さんに請求書を出すんです。お母さんは「はい、はい」といって、五〇〇円を渡す。お手伝いしてくれてありがとうということだと思うんです。そうしたら、今度はお母さんが息子に請求書を書いてきた。病気のときに看病してあげたとか、ご飯をつくってあげたとか。それが全部ゼロ円なんです。

木村 ゼロ円？ なるほど。

前川 合計ゼロ円という請求書を渡した。つまりタダ。タダというのは無償の愛を示している。そこでお母さんの無償の愛とそれに対する感謝という美徳を教えようとしている話なんですね。それを請求書でやるというのは無理があるような気がするんですけど、まあそういうお話なんです。

それで、先生は子どもたちに何をさせたかと言うと、「このときお母さんはどんな気持ちだったでしょう。それを書いてみましょう」ということです。

木村 国語じゃないですか。それは国語の読み取りですよ。

前川 そうしたら、多くの子どもが、先生が正解として考えているものを忖度して書くわけですね。お母さんはお金なんかいらないの。あなたが元気に育ってくれればそれでいいんだからとお母さんは考えている、というふうに。ところが、ひとりだけ男の子が全く違うことを書いたんです。つまり、子どもはお手伝いするとお金がもらえていいね。お母さんだっておうちの仕事をしてお金がほしい、いつも大変なんだというようなことを書いたわけ。お母さんはそういう気持ちなんじゃないかと。これは非常に貴重な意見です。経済学的に言えば、家事労働の対価の問題ですよ。家事をどう労働として評価するか。ほかの子はみんなお母さんの愛は無償なんだというのを前提で書いているのだけれど、この子だけは無償であることはおかしいんじゃないかと言ったわけです。

ところが彼がその発表をしたら、周りの子はみんな笑ったんです。先生も、授業の中でその子の意見をフォローしなかった。「請求書はゼロ円なんだから、お金がほしいって言ってないじゃないか。お金がほしいんだったら、一〇円とか一〇〇円とか書くんじゃないの」と、この子の意見を一蹴してしまうわけですね。

カメラは男の子をずっと追っていて、その子がうつむいて目から涙が出てくるところまで撮っているんです。

木村　最悪！　最悪ですね。

前川　休み時間になってから、先生が、これはまずかったなという感じでフォローしている様子も映し出されていましたけどね。それを見て、尾木直樹さんは、「後でフォローしたのは良かった」と言っていました。だけど、授業の中では、せっかく違う意見が出てきたのに、それを結論にはまらないからと捨ててしまって、否定しちゃうわけですよね。

木村　それって、先生が正解を持つからですよ。

前川　そうそう。

子どもには意見を表明する権利がある

木村　道徳が教科化されたのには、道徳の授業を大事にしようという目的が大きくあると思うんです。道徳が他の算数や国語と何が違うかと言えば、正解がない問いを問い続けるということだと思うんですね。そのためには、柔らかい、本当に未成熟な子どもたちの考えがどれだけ出せるかですよね。そこで多様な考えをいっぱい知った中で、だんだん自分はこう思うけど……ということができていく。

道徳が教科化されたことに反対する人はたくさんいます。でも、道徳が教科になったということはそれを大事にしろということでもあって、私はそこについてはいいと思っているんですね。正解のない問いを問い続けるという、一〇年先にいちばん必要な学力がダイレクトで学べるわけじゃないですか。

前川　そうですね。正解はないですからね。ほかの教科だと正解があるから。総合学習などの時間に正解のないことを考えるということもできるけれども、道徳はもともと正解がないから。

木村　それなのに、正解がこうやって書いてあるんですよ！

前川　道徳の学習指導要領が、決まりを守るとか、親を敬愛するとか、伝統を大事にするとかいう徳目毎に教材が決められていて、一つの道徳的価値について一つの教材というふうになっているからですね。そうすると、どうしても結論が決まっている教材になってしまう。そこに非常に問題があると思うんですね。

木村　学校現場の悪しき文化ですね。決まりを守るということは間違っていない。でも、どんな決まりかということが問われていないんです。大阪市なんか最悪です。安心安全マニュアルとかいって、先生の指示を聞かないのにもレベルがあって、それによって「別室指導」、「奉仕活動」とか決められているんです。
　こういう話をすると、じゃあ、決まりを守れないような子どもになったらどうするんだと。会社に勤めたら、社長の言うことも聞かなければならない。決まりが守れない子になったら、その子が不幸になるみたいなことが言われます。でも、議論すべきはそこじゃない。先生の指示を聞かなくていいという話では決してないと思うんです。決まりを守るのはもちろん大事なこと。でもその前にどういう決まりなのか。そこを全然問おうとしない日本社会の空気が破滅的だと思いますね。

前川　子どもの権利条約には意見表明権というのがあって、子どもは自分に関わることについては自分の意見を言っていいし、その権利を持っているんです。その条約を日本も批准しているわけですから、子どもの人権として、子どもには意見を表明する権利があることを認めているはずなんです。ですから学校生活の中のルールについては、子どもが意見を言うことができて当たり前だと思うんですね。それなのに、今は決まりがあらかじめあるんだという考え方なんですよね。

木村　この決まりは五〇年前と変わらないんですよ。そんな決まりを一生懸命守って一〇年後、何の役にも立たないじゃないですか。

前川　その五〇年前で思い出したんですけどね。この前、道徳の学習指導要領を昔のものから比べて見てみたんですよね。最初に道徳の学習指導要領ができたのは一九五八年。道徳の時間が週に一回始まったのが岸内閣の時です。そのときの学習指導要領に何と書いてあったかと言うと、「自分たちでつくった決まりを守る」とあったんですよ。

木村　五〇年前のほうがいい。

前川　ずっといいんですよ。今の学習指導要領はどうなっているかというと、「進んで決まりを守る」になっているんです。

検定教科書になって問題が顕在化

前川　先日、名古屋市立八王子中学校の上井靖校長との対談をやったんですけど、上井さんが「主体性と自主性は違う」ということを言われてね。へえ、ぼくは初めて聞いたと思いました。言われてみると確かにニュアンスの違いがあるんです。

主体性というのは自分で考える。自分で考えて判断する。そして、異なる判断をする人たちとの間に対話や協働がそこに生じるわけですね。自主性というのは、例えば自主規制という言葉がありますけど、自ら進んで決まりを守っていく、つまり自主的に忖度するみたいな感じがあるんですね。自主的とか自主性という言葉を常にそういうニュアンスで使うとは限らないんだけれど、自主的という言葉には、実は受動的に動くという感じがある。一方で、主体的規制とは言わない。今言った「自分たちでつくった決まりを守る」というのは主体性を大事にすることなんですよね。

上井さんは、私が今年二月に中学校で講演会をやったことについて文科省からむちゃくちゃな質問状を受け取って、そのときに記者会見をした時にもいいことをおっしゃったんです。主体的な生徒を育てるためには、教職員も主体的でなければならないと。「主体的で、対話的で、深い学び」は、教師がやっていなければ子どもたちもできないでしょう、という話だと思うんです。

そういう意味でも、この「星野君の二塁打」っていうのは非常に問題だと思いますよ。決まりはとにかく守るんだということばかり強調してますからね。

木村　これでは、日大のアメフトの監督が正しいですよと言っているのと同じじゃないですか。

前川　そうそう。この話と日大アメフト部の話と並べてみたらよくわかると思うんです。このまま行くと、日大アメフト部で、疑問も抗議もせずに言われたことを守ればいいということになる。

木村　日大アメフト部の問題がこれだけ社会問題になって、みんながおかしいと言っている一方で、こういう道徳教科書を進めようとしている。この矛盾ですよね。

前川　この教材は、今回検定教科書というかたちで出てきたけど、昔から使われていたんですよ。それが検定教科書になったので、問題が顕在化してきたという感じがするんです。実はずっと底流としてこういう道徳教育があったんだと思うんですね。

木村　でも今までだったら、こんなおかしな教材は使わなくてよかった。

前川　そうそう。

木村　今、現場の先生たちで心ある人は、「道徳をどうしたらいいんですか」と悲鳴をあげていますよ。

前川　そうでしょう。それはみんなが悲鳴あげなければ困りますよ。

木村　でも、悲鳴をあげているのは心ある一部の人です。それ以外の人は、道徳で何をやっていいかわからないから、ああ教えたらいいのねと。「はい、挨拶の仕方はどれが正解?」「一番」「やってごらん」。できなかったら、「休み時間なし」とか言って。これで先生の位置を守れるというのです。

問題なのは「一番のお辞儀が正解だから、このお辞儀を身に付けておけば、将来、得するよ」というところが前面に出ていることです。そのことは一〇〇%否定はしませんん。得かもしれない。でも間違ったらアカンのは、義務教育ですよ。義務教育の場で一〇〇人子どもがいたとして、一〇〇人がこの挨拶をできて、その子たちが一〇年後幸せになれるのかってことです。

前川　それは排除の論理になりますね。できない子、だめな子は排除していくみたいなね。

木村　だって、みんなの前で立つことすら恥ずかしい子はいっぱいいますよ。義務教育では、みんなが全部違う過去のリュックを背負ってスタートするわけでしょう。なのに学校は、みんながイスに座れる、みんながおはようと言えるって錯覚しているんですよ。だから言えない子はアウトになる。でも、できなくてあたり前。できたらすごい。そう思えば、できない子が排除されないじゃないですか。六年間のスパンで子どもの育ちを見るのが義務教育ですよね。一年生、二年生でこれができなかったらアウトなんて、こんな画一的な教育をしているからどんどん子どもたちが学校に来られなくなるんですよ。

子どもの過去の経験知を否定しない

前川　私は「現場の先生、自分で考えてくださいね」ってずうっと言い続けているんです。教科書には教師用指導書がついていますけれど、その通りやらないでくださいと。監督の指示は送りバントだった。しかし星野君は今日はヒットが打てるというふうに自信があって、しかもそこに絶好球がやってきた。そこで「皆さん、星野君だったらどうする?」って、そこで議論をしたらいいと思うんですよね。

木村　絶対守るという子がいてもいいんですよね。監督の言うことを守る。なんでかといえば、その子の過去の生活体験が、その言葉を出させているからね。

前川　そうですね。

木村　そういう子がいてもいいし、「おれは絶対打つよ」と言う子がいてもいい。それをどっちかだと決めるのは、その子が生きてきた義務教育前の経験知を否定することにつながるんですよね。

前川　そうでしょうね。さっきの「お母さんの請求書」の話で涙をこぼした男の子というのは、母子家庭で、お母さんが家事で大変だというのを知っている子なんだそうです。だから、そこにはお母さんに対する愛情や理解があるわけ。

木村　それがその子の経験知から出る、その子の言葉なんですよね。

前川　それをくみ取ってあげなければいけないし、もったいない……。

木村　学校というところは、教育や指導という名の下で、すごい暴力を振るっているんですよ。『みんなの学校』の映画の中で、マサキという子が二分の一成人式で「もう暴力振るいたくない」って泣くんです。マサキは卒業前に――彼は九年目に卒業したんですけど――、「おれ以上に、たった一つの約束破ったやつ、これまでいてた？」って聞いたんです。「いてない」と私が言うとね、「暴力振るったやつは？」って。「いてない」と。「おれがいちばん？」と言うから、「うん、あんたを超える子はいなかったな」。「これから出ると思う？」「いや、永久の一番ちゃう？」って私は言ったんですね。そしたらマサキは、「そうか。ということはおれは誰よりもやり直しの力がついた。ラッキー！　一番の座を守るぞ」と言って中学へ行ったんです。そして、彼は今教師になろうとしているんですよ。「教師になって、自分がしてもらったことをする」と言ったとか。

前川　そうですか。彼が教師にねえ。

木村　普通だったら、あれだけ殴る子がいたら、「この子がいたらうちの子が安心して行けません」と他の保護者から言われて、排除されてしまう。でも殴った後で、誰よりも殴ったことをどうしようと思っているのがマサキ本人なんです。私たちはいつも「暴力はいけない。人を殴ってはいけない」と言っていました。これは正解です。でも「あかんやろ」と、この正解をまるで法律に照らし合わせるようにマサキに言ったことは一度もなかったですね。「自分がされていややろ。自分のために〝やり直し〟し」と、みんなが彼に寄り添った。マサキは自分が困ったら、相手を殴る。それは、自分を生んでくれた母が、困るとマサキを殴ってたからです。どう育てていいかわからないと、ガンと暴力振るう。すると子どもは泣いて、言うことをききます。

そういうマサキに「暴力はあかん。やめなさい」と私たちが言えば言うほど、自分を生んで六年間育ててくれた母を、学校教育が否定することになるじゃないですか。それはできないと私たちはずっと思っていました。自分が殴られていやだから人を殴るなという一点だけで、あの子はずうっと〝やり直し〟をしてたんです。

自分がされてイヤなことは人にしない

木村　大空小学校では、私が辞める三年前から、月曜日の一時間目に「全校道徳」を始めたんです。一年性から六年生までが集まって〝正解のない問いを問い続ける〟時間です。

子どもがいじめを苦にして自殺して、その学校の校長や教育委員会が「あれはいじめでなかった」とバカなコメントを出したりということがあったじゃないですか。それで、後からやっぱりいじめられていたという事実が出てきたりとか。全校道徳でその話をして、「どう思う？」と聞いたことがあったんです。すると子どもたちは、いじめられた子が学校に来られなくて、いじめたやつが学校で平気で教室にいる、そんなおかしなことはないなって言い出した。「じゃあ、どうしたらいいと思う？」と問うと、「いじめた子が教室から出て〝やり直し〟をしたら、いじめられた子は安心して教室にいられる」、「職員室か校長室で〝やり直し〟をして、大丈夫と思えば、帰ってきたらいいんちゃうか」って。「大丈夫と思うのはだれが決めるの？」と聞くと、「そんなん、自分やろ」って。

前川　そこがいいね。

木村　そのときに、〝やり直し〟には自分から来て、自分で大丈夫だったら帰るというみんなの共通テーマができたんですよね。

でも、この全校道徳の後、マサキは暴力をやっちゃったんです。それでブスーッとしながら、自分から職員室と校長室の間に机とイスを運び込んだ。友達が後ろから「おれ、イスを持ってきた」とついてきてね。

前川　〝やり直し〟のために。

木村　彼はそこに一カ月居座ったんです。「マサキ、もう帰り」と私が言っても、「まだ、無理」とか言いながらね。地域の人らが職員室へ入ってくるでしょう。ほんとは、すごい邪魔なんですよ（笑）。でもそのとき、みんながマサキに「まだおるんか。まだあかんのか」って声をかけるんですよ。「マサキ、可愛い子やで。ええ子やで。やってることを変えなあかんねんで」と言っていく。そのマサキが今、自分と同じような子に、自分が言われたような言葉を言ってやりたいから教師になりたいって言ってるんです。

前川　なるほどね。

木村　そんなもん考えたら、暴力はいけないってわかりきっている。でも、なぜいけないの、なぜ、なぜ、と考えることが、一人ひとりの子どもが幸せになるための学びだと思う。

前川　たった一つの約束というのは、みんなわかるんでしょうね。

木村　わかりますね。

前川　自分がされてイヤなことは人にしない、言わないというのは、古今東西通じてこれだけあればいいぐらいの決まりですよね。

木村　そして、それは破ってしまう約束なんだとみんながわかっていることが大事だと思うんですよね。でなかったら、水戸黄門の印籠じゃないですか。子どもとしゃべっているときに、「水戸黄門の印籠とちゃうしな」と私がぽろっと言うと、「水戸黄門の印籠って何?」って突っ込みが入るんです(笑)。「どんだけ悪者がいてもな、これが目に入らぬかと言ったら、みんながはは一っとなるねん」と説明すると、「それって〝やり直し〟とちゃうやん。力やん」って。

前川　悪者が成敗されるわけですからね。

木村　自分のためにやり直す、というのをみんな理解しているんですよね。だからいじめも、「不登校」になる子も生まれないいんですよ。そもそもトラブルのない学校つくろうとしてませんか。

前川　トラブルがあるのが当たり前ね。

木村　トラブルがないというのが変だと思うんですね。トラブルを隠すのは、〝見せる〟学校をつくろうとするからですよね。

自分で自分を変える経験が自信になる

前川　『みんなの学校』の映画の中で、マサキがけんかをして暴力を振るった後、校長室へ来て、また戻って、殴った相手から殴りかけられて、それに対しては何もせずに叩かれっぱなしになっているというシーンがありますね。あれは今のエピソードの後の話なんですか。

木村　前のことですね。

前川　映画ではかなり強く反省して、自分からは手を出さないと決めたんだけれど、またやっちゃったわけだ。

木村　一カ月後のことです。五年になって、しかも相手には何の原因もなかった。ある日職員室で、先生が「あんた、お茶飲んでる場合ちゃうよ」と注意した拍子に、お茶がマサキの体にかかった。マサキはすごく潔癖症だから、それだけで気持ち悪い。黙って職員室から出ていきました。その時、たまたま出会ったのが「こいつきらいやねん」という子で、衝動的に殴ってしまったんです。相手は悪くない。一〇〇対〇でマサキが悪いという状況でした。

前川　それで自分には修行が足りない、〝やり直し〟がもういっぺん必要だと思ったんだ。

木村　そう。朝から職員室に机を持ち込んで、いくら言っても教室に帰らないから、私、「なあ、マサキ、悪いけど、邪魔やねん。強制的にここを退いてもらうわ」と言っちゃったんですね。そうしたらあの子ね、「うん、わかった」と。そして次にポツっと「あんな、校長先生、おれ、明日から学校休もうかな」と言うんです。「え、なんで？」って聞いたら、「学校休んだら、絶対友達をどつかんでいいかも」って。その言葉はめちゃくちゃキツかったです。私はもうその後、平謝りでしたね。「ごめんなさい。また殴ったら、殴ったで〝やり直し〟したらいいやん」って言いました。みんなにも、マサキがこんなこと言ってると伝えたら、「あいつ、そこまで思っとったんやなあ」って。「ええで、マサキ、殴りそうになったら、止めたるで」とか、「殴ったら〝やり直し〟しろよ」とか言ってくれたんです。そこからです、あの子が殴らない学校生活になったのは。校長の私自身にとっても、大きな〝やり直し〟になりました。

前川　それは大きな自信になるでしょうね。自分で自分を変えることができたという経験を持ったということは、マサキくんにとって非常に自信になったんじゃないですかね。

木村　そうですね。

前川　どうしておれは……、ぼくは……というんじゃなくて、その気になれば自分で自分を変えられるというのは、大きい自信になっただろうと思います。子どもを、上から押さえつけるような指導とか罰を与えるとかということで矯正しようとしても無理ですよね。表面上は従うかもしれないけれども、自分で自分を変えているわけではないですものね。

木村　脅迫ですよね。水戸黄門の印籠ですよ。でもそれが全国で広がっていいます。

前川　それは、私は教育ではなくて調教だと思うんです。

恐怖で押さえつけてはいけない

木村　調教……それで思い出したんですけど、ある講演会で、「教室に入りなさい、イスに座りなさいって、子どもはイヌやネコじゃあるまいし……」としゃべったんです。そしたら、講演会が終わった後にひとりの女性がお見えになって、「木村さん、イヌやネコも自分の考えで動いています。命令じゃな

くて、ご飯を食べたいから座る、眠いからハウスに入るんです。イヌやネコに失礼です」って。その方はイヌやネコの調教のプロだったんです。私って、ほんまにデキてへん人間やなと思わされました。

前川　なるほど（笑）。それは新しい視点だな。でも、たしかにそうかもしれませんね。イヌでもネコでもあるいはライオンでも、ゾウでもそうかもしれませんけど、恐怖で押さえつけちゃいけないんでしょうね。

木村　はい。恐怖って力ですよね。

前川　それはかえって危ないんでしょうね。恐怖で押さえつけるっていうやり方をすると、かえって逆の反動が起こる可能性が高いんじゃないですかね。より凶暴になってしまうことが起こりうるんじゃないかと思いますね。昔の日本の軍隊がそう。とにかく力で押さえつけて、意味もなく上官が兵隊を殴って。

木村　それ、今と一緒じゃないですか。

前川　本当にそうですよ。結局、そうやって、それこそ上井さんが言うところの主体性をなくしたような兵隊たちが、民間人に略奪や暴行をする。そこに無感覚になって、人間の心を失ってしまうようなことをするんです。自分を人間扱いしないから、ほかの人間のことも人間扱いしなくなってしまう。そういう悪い循環が起こるんじゃないですかね。今の世の中で言えば、日大アメフト部みたいなね。ああいう世界をあちこちにつくってしまうことになりかねない。今霞ヶ関もそうなってきていますけど、力を笠にどんなウソでもつきますというような。

木村　信じられないですよね。日本って、昔からあんな国だったんですか。

前川　いやあ、役人にはもう少し誠実さがあったと思いますけどね。やっぱり政治が悪いんだと思うんですよ。言ってみれば先生と生徒の関係かもしれないけれど、政治家と行政官というのはどうしても政治家が上で、行政官が下ですからね。政治家が劣化したから、行政官も劣化したんだと思います。

組織形態よりも、空気を変えるのが大事

木村　最近、『みんなの学校』の映画を見てくださったある大企業の人事部の方が、木村さんに話をしてほしいというので行ってきたんですね。元々この会社は、一人ひとりの主体性を重んじる会社だということで社員が入ってきていて、それぞれ個性を活かしながら働いてきたんだそうです。ところがトップダウン的な空気が強くなって、組織は完全にピラミッド型だというんです。それで、『みんなの学校』のような組織運営にするにはどうしたらいいかのか、最近はフラットな組織がいいんだと説くビジネス本が流行っているけれど、木村さんはどう思いますかと聞かれたんですね。

私は、ピラミッド方式が悪いから、フラットに変えればいいという発想では何も変わらないと思うんです。ピラミッド形式の何がいけないかと言ったら、ピラミッドの頂点にいる人が、自分の使命がわかっていないことでしょう。学校に置き換えたら、校長がいて、教頭がいて、教務主任がいて、教員がいて、臨時講師がいて、

職員がいて、というのと同じですが、問題があるとすれば、校長が自分の責任をどう果たすかを明確にしていないことです。社長の責任は、すべての社員が幸せになるように守ること。校長の責任は、自校のすべての子どもが安心して学べるようすること。そこさえはっきりすればよくて、ピラミッドが悪いわけではないのではないかと話したんです。

前川　根本的な価値、つまり組織はそもそも何のためにあるのかという根本的な原則に立ち返れば、組織のあり方も自ずと決まってくるわけですよね。行政学や経営学の学問では、今のフラット化みたいに、どういうふうに組織を変えたらいいかという議論は、確かにあります。でも、一人ひとりが生き生きと働くという目的を考えたら、組織形態を変えるよりも、空気みたいなものを変えるほうが大事なんだろうと思うんです。そして、その空気を変えられるのはトップなんですよ。だからトップの人間が、何のための組織かということを踏まえて、みんながその目的を共有していければ、自ずと変わっていくと思うんですよね。

木村　ひとりの子どもが大けがした時、原因はいっぱいあるかもしれないけど、責任は校長にある。学校に来られない子がいた時、その事実の責任は自分にあるんだとわかれば、やることは見えてくると思うんですけどね。「何で来ないんだ」と偉そうに教員に指導するんではなくてね。

前川　木村校長はあたり前にその責任感を感じておられたということですね。世の中には往々にして責任を逃れようとする人が多いですからね。

木村　でも、それでは自分が楽しくないでしょうね。私なんか、九年間お給料をもらいながらこんな楽しませてもらいました。後半はお給料六割に減りましたけど(笑)。

前川　うらやましいですよ。私がいた文部科学省は、そういう生き生きした組織じゃないですから。

木村　今は、楽しいでしょう。

前川　楽しいですよ。面従腹背しなければいけないこともないし、言いたいことを言ってね。だけど、文部科学省という組織の中にいたからできることもあった。しょうがない人とも折り合いをつけながら、自分が望ましいと思う方向に、いくらかでも実際に動かしていけるという立場、ポジションはありましたから。離れてしまうと、言いたいことは言えても、何かを具体的に動かせるかといったら、それはできません。そういう意味では、組織を離れてしまうとちょっと寂しいという感じはありますね。木村先生はどうですか。校長を辞められてから、寂しくないですか。

木村　全然（笑）。不思議なことにないんですね。仕事がなくなったという感覚もなくて……。

前川　『みんなの学校』に共鳴する人が全国にいるし、木村先生の話を聞きたいという人もたくさんいるでしょう。

木村　今は、はい。

前川　私もそれで今、たいへんな目に遭っているんですよね（笑）。なぜか知らないけれど、あちこちで前川さんの話を聞きたいと言われて、一日にいっぺんくらい呼ばれては、言いたい放題を言っています。「星野君の二塁打」なんてひどい話ですけど、これを使って考える道徳もできますよと。それと、やっぱり今の政治がおかしいから、政治に負けないで、現場の主体性を持って頑張ってほしいと。文部科学省の事務次官をやった人が言っているというので、喜ばれるんでしょうね。おそらく木村先生の話からも、勇気をもらう、元気をもらうという方たちがたくさんいるんでしょう。

木村　校長時代のほうが時間がありましたね。

前川　私も役所にいたときのほうが時間があった（笑）。なんでこんなに忙しいんだろう。木村さんとこうして一緒にいられるのは、もう奇跡ですよ。

子どもに学習権を保障するのは、国の義務

前川　全ての子どもに学習権を保障するというのは、ものすごく大事なことだと思います。私は原理的に考えるんですけど、我々は憲法を守ってこの社会を維持していかなくてはいけないと思っているわけです。そのために大事なものが憲法で、憲法をみんな勉強する必要があると。それを軽々しく変えられてはいけない。知らないうちに変えられてしまうのはもっと悪いと思うんです。

憲法二六条には「すべて国民はその保護する子女に普通教育を受けさせる義務を負う。義務教育はこれを無償とする」と書いてあります。その義務教育の義務というのが、保護者が子どもに教育を受けさせる、もっと具体的に言えば学校に通わせるという義務だと憲法には書いてあるんだけれど、本当の義務は何かともっと突き

詰めていくと、すべての子どもに学習する機会を保障するという国の義務なんですよ。その国の義務を各学校が分け持っている、義務を負っているということです。すべての子どもに学習権を保障するという義務は国に、そして学校にあるんですよ。

世の中では非常に誤解があると思うんですけど、子どもが学校に行くことが義務だとか、あるいは親が子どもを学校に行かせることが義務だとか、そういうふうに考えられがちです。たしかに憲法には、親に子どもに教育を受けさせろと書いてある。私ね、あそこは、将来的には憲法を書き換えて、国の義務というふうにしたほうがいいと思っているんです。国が全ての人に無償の普通教育を保障する義務があるんだというふうに書き直したほうがいい。そうすると、国からにせよ、学校からにせよ、こぼしてしまっている人たちがいるということが見えてくるんですよね。不登校の子もそうだし、何らかの事情で学校へ行けなかった人が、もう一度学びたいと思っても学び直しの場がないということもそうです。

義務教育が子どもの義務とか親の義務とかいうふうに誤解されてしまっているから、障害があって学校に行けないというときに「就学猶予」と「就学免除」という処分になるわけですよね。今でもその就学猶予の対象になっている子が全国で二〇〇〇人から三〇〇〇〇人いると思います。

木村　ええーっ、そうなんですか。あれって大昔の話じゃないんですか。

前川　特別支援学校、つまり養護学校が義務制になる前は、三万人ぐらいいたんです。養護学校ができて、障害のある子も養護学校に行きなさいということになったので、就学猶予、就学免除の数は相当減りましたけど、今でもそのくらいいます。重い病気で入院していて、院内学級もつくれないというケースですね。それから、就学猶予や就学免除の対象になっていないけれど、実際には学校に来ていない子たちだって、小中あわせて一二万人から一三万人くらいいて、ずっと減らないじゃないですか。さらに、無登校の子たちもいます。

木村　無登校？

前川　定義上は、登校日数が年間一〇日未満、ほとんど学校に来られない場合に無登校と呼んでいます。無登校の子が一割ぐらいいるんですよ。一三万人だったら、一万三〇〇〇人ぐらいの子が無登校。ほとんどが中学生です。中学校の各学年に無登校の子は全国で四〇〇〇人ぐらいいるんです。

木村　中学校に行けないというのは、やっぱり小学校に原因があるんじゃないですか？　中学の不登校がクローズアップして言われますけど、その数字は小学校の六年間でつくられていると思いますよね。

前川　学ぶ機会を保障されていない子が実は相当数いるということです。すべての子どもの学習権を保障するという責任を、国も学校も負っているはずなんだけれども。

公立学校は「大きな風呂敷」

前川　木村先生は、すべての子どもの学習権を保障することは自分たちの義務として考えていたわけですよね。

木村　そうです。だって、税金でもらっている給料じゃないですか。民間教育と公教育との違いって、そこにあると思うんですけどね。

前川　木村先生がおっしゃった言葉で、私も講演で何度も使わせてもらっているのが、公立学校はスーツケースじゃなくて大きな風呂敷だという言葉です。一人ひとりいろんな個性やバックグラウンドを持った子どもたちがいるわけだから、どういうふうに挨拶しなければいけないとか型にはめるんじゃなくて、その違いを全部認めて、包み込む。私立学校とか、学習塾とかだったら、選別しても仕方ないかもしれませんけれど、公立学校はどんな子どもでも受け入れるのでなければおかしいはずですよね。

木村　暴れる子や障害のある子に手厚い学校では、周りの子が迷惑をかけられている、犠牲になっている、という見方が社会の中にありますけど、一〇人子どもがいたら一〇人とも癖があるんです。

前川　ところが、道徳の学習指導要領の中には、「校風」ということが出てくるんです。この学校はこういう校風と自ずと出てくるものはあるかもしれないけれど、より良い校風をつくるみたいなことが書いてあるわけですよ。でも、校風を〝つくって〟しまうと、その校風に合わない子だっていると思うんです。むしろ、どんな学校が望ましいかと考えていくと、結局、行きつくのはどんな子も受け入れる、どんな多様性も含み込むような、最大限の多様性という校風にしかならないんじゃないかと思うんです。公立学校の本来のあり方としては。

木村　でも、文科省自身が言っているじゃないですか、大事なのは社会力、社会で生きる力って。

前川　頭、上半身はそうなんです。どっちが上半身でどっちが下半身かという問題もありますけど（笑）。道徳教育に関しては、文部科学省がつくっている学習指導要領解説という文章があります。

木村　あれはまともです。

前川　けっこういいことが書いてあるんですよ。特定の道徳的価値を教え込んではいけないとか、正解がないことを考えるのが大事とか。それなのに、教科書はそうなっていない。上半身と下半身というか、右半身と左半身かもしれないけれど、とにかく分裂してしまっているんですね。

木村　それって、子どものことをちゃんと考えていない文科省ということになるじゃないですか。

前川　この教科書を見ると、そうなっちゃうんですね。本当は、学習指導要領を出発点にして見直さなければいけないんです。今回の学習指導要領では、アクティブラーニング、主体的で対話的で深い学びを実践してください、道徳でもアクティブラーニングでやってくださいと呼びかけているのに、使われる教科書がこれではおかしいじゃないかと。要するに原点に戻りましょうということです。

授業を開き、他人の力を活用する

木村　大空の教員の評価基準は、一つだけです。それは、授業を開くこと。授業を開くというのは、いい学級経営をするとか、子どもがみんな前向いて話を聞いている、ということじゃありません。子どもたちを育てられないということは、ひとりの先生の力、たかがひとり分の価値観では、子どもたちを育てられないということは、教員全員がわかっています。だから人の力を活用する力をつける。子どもとうまくいかなかったり、授業が荒れたりした時は、「あかん、うまいことといけへん」って職員室で声を上げる。それでその時に必要とされる教員が、「オーケー、じゃあ、私が行くわ」とその学級に行く。学級担任制は、一年目に断捨離しました。大空の教員に「先生の子ども何人？」と聞いたら、全員の教員が「二六〇人です」と答えます。

前川　なるほど。私も時々学校訪問をしましたけれど、特に小学校の場合だと、何年何組で、だれだれ学級と担任の名前が書いてある。そういう学校が多いですね。

これでは学級王国になっていく。

木村　それだと、担任の先生に当たり外れがありますよ。

前川　それはありますよね。

木村　その学級に一年間監禁されるんですよ。考えたら恐ろしいと思いませんか。外れの先生に当たって自分を保とうと思ったら、学校に行かないことです。

前川　私も忸怩たる思いがあるのは、教員評価という政策をずいぶん進めたわけですね。進めざるを得なかった。これは教員だけではなくて、公務員全体がそうだったんです。私も私の部下を評価したし、私は上司から評価された。

木村　評価することは時代の流れで仕方ないなあと思いますけど、評価基準をどこに置くかですね。大空の場合は授業を開く、人の力を活用する力があれば全員Bだと明確にしています。自分では無理という時、放っておくと子どもは育たない。力に頼ると、子どもは萎縮して来なくなる。

そのかわり、「今、この子たちに必要な関わりができる人」ということで呼ばれたら、「イエス」以外はナシです。地域の人であってもそう。「よっしゃ」と来るわけです。子どもたちにうまく対応できない先生がだめだという文化はありません。

できないのはあたり前なんですよ。食べるものがなくて三日間水で我慢して、四日目にコンビニでおにぎりを盗って食べてしまったという子どもの気持ちが、たかが一教員にわかるわけない。バトンタッチ！　と他人の力を活用する。その力をつける。チームをつくろうなんて言ったことはないけど、結果としてチームになります。

前川　分担して評価する、そういうマネジメントがいいんだというのがこの二〇年ぐらいの間に広がりましたね。

木村　それが教育の現場にも広がっているんですよ。でも、評価システムを否定しているだけでは、子どもは全然幸せにならない。じゃあどう不利益を被らないで、それをどうプラスに使えるかということを考えるしかないんです。

前川　なるほどね。今度、『木村泰子の経営学』という本をつくったほうがいいんじゃないですか（笑）。今日はありがとうございました。

木村　こちらこそ、ありがとうございました。

（二〇一八年六月一三日）

5

多文化・多民族の共生でこそ持続可能社会ができる

前川喜平×高賛侑

高賛侑
（コウ・チャニュウ）

一九四七年生まれ。ノンフィクション作家。国際高麗学会会員、「民族教育ネットワーク」世話人。著書に『ルポ在日外国人』（集英社新書）、『アメリカ・コリアタウン』（社会評論社）、『異郷の人間味《ひとみ》』（東方出版）、『国際化時代の民族教育』（同）など。

在日は日本社会の一員

高　ごく簡単に自己紹介させていただきます。私は高校まで日本の学校に通っていました。昔のことですから、非常に民族差別がひどく、朝鮮人であることが嫌でたまらないというような苦しみを味わいましたが、高校三年のときに先輩の影響を受けて、東京の朝鮮大学へ行く決心をしました。

前川　小平の。

高　ええ。そこから私の人生が大きく変わったわけです。卒業後、朝鮮総連（在日本朝鮮人総連合会）傘下の団体で芸術関係の活動をしたのですが、民族教育についてはずっと関心をもってきました。その後、ジャーナリストとしての活動を行っていく中で、在日朝鮮人に対する差別、とくに民族教育差別があまりにも異常だと思い、中国の朝鮮族や在米コリアン、旧ソ連の高麗人の取材に行きました。そして最終的に得た結論は、ほかの国でも偏見、差別がまったくないとは言えないけれども、日本が唯一、法制度的に差別をしている。これはほかの国と比較して決定的な違いだと確信しました。

それでも一九九〇年代には、日本社会で「子どもの教育問題で差別をするな」という世論が高揚し、徐々に改善が進んでいったので、未来に対する希望を抱きました。しかし二一世紀に入り、ヘイトスピーチが公然と行われるようになり、さらに高校無償化問題が出てきて、またも一層露骨な差別が始まりました。そしてそれを司法までもが追認する状態となったため、もう黙ってはいられないという気持ちを多くの在日朝鮮人が感じていると思います。私も自分なりに何かできないかと思い、今朝鮮学校の歴史と現状を描くドキュメンタリー映画の制作を進めているところです。

前川さんは文科省時代、高校無償化問題を担当されたと聞いていますし、裁判で陳述書も出されていますが、この問題で一番感じられていることをまずお聞きしたいと思います。

前川　在日朝鮮・韓国人の方々というのは日本社会の一員であることは紛れもない事実で、皆さんここで生まれ、暮らし、ここで仕事をして、ここで死んでいく。そういうこの国の住人であることは間違いないことでありますから、共に社会をつくっていく仲間であるという意識を持たなければおかしいと思っております。

もちろん民族的なルーツは違うけれども、これからの世の中というのはいろいろな民族的なルーツ、文化的なルーツを持つ人たちがお互いの違いを認め合っていっしょに暮らしていくということが何よりも必要なことであって、それができなければ、この社会そのものが持続可能性を失います。ですから、この国で学ぶ高校生として朝鮮高校の生徒に対しても無償化を適用するのは当たり前のことだと思っております。

民主党政権下で高校無償化制度を導入するということになったときに、元々民主党が野党時代に考えた高校無償化の法案がありましたので、それがベースになりました。それは朝鮮高校の生徒も対象に考えていましたので、それを引き継いで政府として法案をつくる際にも、当然、朝鮮高校の生徒も対象になるという前提で制度設計を始めました。私はその制度設計の担当の審議官をやっていたわけです。

ただ、閣内にも党内にも異論があったのは事実です。拉致担当大臣が朝鮮高校の生徒を入れるなというようなことを言ってみたりですね。ですから、なかなか閣内、党内での議論がまとまらないという状況はありました。しかし、文科省は大臣、副大臣以下、一貫して朝鮮高校の生徒を入れるという考え方でいました。当時は大臣が川端達夫さんで、副大臣は鈴木寛さんでした。

いろいろと紆余曲折があって、朝鮮高校は制度のスタートと同時にはできなかったわけです。どういうかたちをとったかというと、個別審査のかたちをとろうということで、そのために審査基準をつくり、審査会も設けて、申請を受理して審査が始まるというところで北朝鮮による延坪島《ヨンピョンド》砲撃事件がありました。これは朝鮮高校の生徒を対象にするかどうかという問題とは全く関係のない話で、私はこれを関連づけるほうがおかしいと思

いますけれども、当時の総理は菅直人さんでしたが、なぜか、延坪島砲撃事件を理由に審査をストップしてしまったわけです。

　私はこれは理不尽だと思いました。静ひつな環境のもとで審査ができないというような理由だったと思いますが、それは事実に反します。延坪島砲撃事件があるかないかに関わらず、静ひつな環境での審査はできたはずです。ただ、菅総理は退任の直前に凍結解除をしています。もっとも、内閣総理大臣が指示したり解除する権限があるか、疑問なんですけれど、当時の大臣は髙木義明さんでした。髙木大臣もこの延坪島砲撃事件で審査をストップするということには同意というか、自らそれを進んでやったと言ってもいいぐらいなんです。再開した後の文科大臣は平野博文さんでした。

　民主党の大臣の中にも積極的だった人と消極的だった人がいました。川端さんは積極的なほうだったと思いますし、短い時間でしたが中川正春さんは積極的でした。一番最後の民主党政権下の文科大臣だった田中眞紀子さんも非常に積極的だったんです。ご本人の感想として「こういう差別は許せない」という言葉を聞いたことがあります。ただ田中眞紀子さんは在任期間が短くて、結局、朝鮮高校の問題を解決する前に、そもそも民主党内閣が倒れてしまいました。

私はそのとき大臣官房にいました。審査を担当するのは初等中等教育局でしたが、審査をしているわりには進まないなあ、何をやっているんだろうという感想を持っていました。どうもその審査というのが、右派系の新聞に出た記事についてこれは事実かということを問い合わせるような、そんなことばかりをやっていたみたいでした。当時野党だった自民党対策をしていたような感じがします。自民党から「これは大丈夫なのか、あれは大丈夫なのか」と言われて、それに対して弁解するための情報を集めているというような審査で、本当の意味で無償化制度の対象となる学校であるかどうかという、つまり高等学校の課程に類する課程を持つ学校にあたるかどうかという審査をちゃんとしていなかったんじゃないかと思います。

論理を持たない朝鮮高校の無償化排除

前川　私から見れば、高等学校の課程に類する課程を持つ学校であることは自明のことで、何人も日本の大学へ入っていますし、国立大学だって門戸を開いてずいぶん経っています。高校レベルの学校であるということは間違いのないことです。外形的な審査をすれば結論はすぐ出ると思っていたんですが、残念なことにそうやって審査に時間がかかっている間に政権交代が起きて、その結果、完全に排除されてしまうことになったわけです。

自民党の人たちが言っていたのは、結局、北朝鮮の国際社会における行動と結びつけて排除しようとしていたわけです。核開発、ミサイル開発、拉致問題……、そういうものと関連づけて考えている。そもそもそれがおかしいと私は思います。在日の人たちは日本で暮らして、仕事をして、家庭を持って、ここで暮らす仲間です。北朝鮮に住んでいる国民と同じように考えるのもおかしいし、北朝鮮という政府の行為と結びつけるのもまったく合理性がないと思うんです。けれども、どうしても拉致問題とか、核・ミサイルと結びつけようとする。

そして、そういうものと合理的に結びつけられない場合には、間にどういう言葉を入れるかというと、「国民感情」という言葉です。「国民感情が許さない」とか「国民の理解が得られない」とか、こういう言い方をするわけです。これはしかし、国民の偏見や差別を前提にした言葉ですから、非常にずるい。しかも、それを使うことでさらに偏見や差別をあおるわけですから、二重三重に問題があると思っています。

法律上の理屈らしい理屈としては、教育基本法で禁じられている「不当な支配」ですね。改正後の教育基本法にも残りましたが、第一六条（教育行政）に「教育は不当な支配に服することなく、この法律および他の法律の定めるところにより行われるべきものであり」という言葉があります。その「不当な支配に服することなく」という、この不当な支配が朝鮮高校、朝鮮学校に及んでいるのではないかというのが朝鮮高校排除の理屈だったわけですね。

しかしその証拠があるかといえば、ないわけです。自民党の右派の人たちは、朝鮮学校に朝鮮総連との関係があるから問題だといいます。関係があることは事実ですね。朝鮮総連との関係があるけれども、それが教育基本法でいう「不当な支配」といえるか。これは明らかでないと思います。また朝鮮総連を通じて北朝鮮からの不当な支配があるんじゃないかともいいますが、これも何の根拠もない。証拠も根拠もないことが明らかになってくると、「不当な支配の疑いがあるけれども、その疑いを晴らしていない」と、挙証責任を朝鮮高校側に押しつける論理をつくってくる。ないことの証明というは、安倍首相などもよく使いますが、「悪魔の証明」と言って、できないんですよ。私は、「ある」という証明ができない以上、それを持ち出して排除することはできないはずだと思っておりました。

ところが民主党政権に代わって第一次安倍自公政権の発足早々、個別審査の根拠になっていた省令の条文を削除しました。実際に門戸を開いて審査をするところまで来ていて、「さあ、どうぞ」と門を開いて中へ入れておきながら、門の外に押し出して、門を閉じたようなものです。これは理不尽きわまりません。これは、行政手続法からいってもおかしい。いったん開いた門を、門の中に入れておいて外へ押し出し、門を閉じるなんていうのは、行政としてはあるまじきことです。違法性があると思います。

訴訟が起きるのは当然です。文科省は法務省と相談しながら政府としての対応をしていました。政府側の説明としては、法律違反の疑いがあるということを理由に掲げたわけですけれども、その中で、自民党が言っていたことと違う理屈を持ってきました。就学支援金が授業料債権に充当されないおそれがあるという、かなり無理をした理屈です。広島や東京の地方裁判所の判決はこれを拠り所にしています。

しかし、授業料債権の充当に当てないおそれがあるというのはきわめて薄弱な理由です。こんな理由で朝鮮高校を対象にしないという結論はとうてい導けないと私は思います。

司法も権力に忖度か

前川　広島、東京地裁の判決はどうもおかしい。何か強い権力に忖度しているんじゃないかと思わざるを得ません。国を勝たせるという結論が先にあって、それにはどの理屈がいちばんもっともらしいかというので探したところ、授業料債権に当てられない可能性があるという理屈しか見あたらなかったんだろうと思います。「不当な支配」は採用できなかったんでしょう。あまりにも抽象的で、あいまいですから。それに比べると、授業料債権に充当されないというのはたしかに具体性があるんですけれども、しかし、本当に朝鮮学校が代理受領をした就学支援金を授業料債権に充当しないと言えるのかというと、そんなことはすぐにわかることなんですよ。これは年間三〇万円の授業料だとして、そこに一人あたり約一二万円の就学支援金がきます。それを受け取った学校は一人ひとりの授業料を三〇万円から一二万円引いて一八万円にする。これが授業料債権への充当です。こんなのは始まったらすぐわかることです。

これをしない恐れがある、就学支援金の一二万円を授業料債権に当てないで別のことに使うというわけです。けれども、そんなことをやったら生徒だって保護者だって怒りますよ。起こりえない。ところが、こんなことを根拠にして国を勝たせるというのはあまりにも乱暴だと私は思っています。ひどい。国を勝たせるために無理やりそれらしい理屈を探してきたんじゃないかという気がします。

それに対して大阪地裁のほうは、私から見るときわめて真っ当な判決を出しています（別掲、二三〇頁）。私は実はこの裁判は全部国が負けると思っていました。どう考えても国のほうに理屈はないと思っていましたので、私は訴訟を担当している文科省の職員に、「早く負けて帰ってこい」と言っていたんです。しかしこれは、文科省の限りではできないことで、政府が原告なり被告なりになっている訴訟というのは法務省の訟務局が、いってみれば国選弁護人みたいなものですから、法務省が前面に立つわけです。それで法務省があの手この手で理屈をつくって、国を守ろうとするわけです。言ってみれば、法務省の理屈が通ったのが広島と東京です。それで、弁護団の方々から私の知る限りのことを教えてほしいと言われたので、お話をしたところ、それを陳述書のかたちにして出していいかと言われまして、いいですよということで、陳述書になったわけです。

ただ私の知らない経緯があるようなんです、初等中等教育局のほうで。私は、その当時は大臣官房にいました。民主党政権の末期のころ、田中眞紀子大臣のころですけれども、そのころに初等中等教育局の中で、すでに省令改正をして個別審査の制度を廃止するという検討をしていたと証言をしているらしいんです。しかし、私は聞いたことがありません。初等中等教育局の中で、もしかりにそんなことを議論していたとすれば、田中眞紀子大臣は「やめろ」と言ったはずです。民主党内にいろいろと反対論があったことは事実ですけれども。田中眞紀子大臣はさっき申し上げたように、朝鮮学校の指定には前向きだったんです。その大臣のもとで、部下の担当局が後ろ向きの、個別審査という制度そのものをなくして朝鮮高校を審査の対象からはずすというようなことは検討できるはずがないのです。検討したとしても、それは全く私的なものであって、田中大臣がそれを許すとは思えないですし、そういう報告があったことは一度もないです。

ですから、これは検討したといっても、組織として検討したことにはならないと私は思います。どうもそういう私にはよく見えなかったところが、その当時、二〇一二年の一一月、一二月あたりにあったんじゃないかと思います。そういう話を弁護団の人たちから聞いて、それはおかしいというのが私の感想でした。そのへんのことを陳述書に書かせてもらったということです。

差別の背景にある「教育勅語」的国家観

高　弁護団のおひとりも普通に考えればこの裁判は楽勝だとおっしゃっていましたね。しかし実際にはそうならなかった。おっしゃったとおりだと思います。拉致問題とかミサイル問題というのが強調されるわけですけれども、それを結びつけるというのは不当だと私も思います。朝鮮学校に対しては、戦後一貫して差別しています。拉致問題もなかったし、ミサイル問題もなかったころからです。国連でもしばしば勧告が出されました。国際社会からも強く批判を受けながら、なおかつ戦後七十余年にわたって差別をし続けるというのは、どういうことが原因だと考えられますか。

前川　今、教育勅語の復活みたいなことが危惧されておりますけれども、おっしゃったことはそういうものと根っこが同じだと思っているんです。言ってみれば日本の帝国主義です。強い民族主義と結びついた帝国主義。日本はアジアの中でとくに優秀な民族であるというような間違った観念に基づいて、日本民族は他の民族を支配する権利があるんだと言わんばかりの思い上がりといったものが明治以降の日本の対外政策の中にあったと思うんです。欧米とは肩を並べようとするけれどもアジアのほかの国に対して優越的に行動する。そういう帝国主義的な政治史みたいなものを背景に、明治以降に人為的につくられた民族主義により、国民統合のために、ことさらに民族の一体性みたいなものを強調する政策がとられたわけです。教育政策はそういう民族の一体性を高める方針をとり、その象徴的なものが教育勅語だと思います。

大日本帝国憲法の第一条は日本という国は万世一系の天皇が統治している国だとありますが、教育勅語はそれをふまえて、天照大神から始まって、神武天皇が日向国の高千穂から東征に出て橿原の宮で即位したと『日本書紀』に書いてある神話を、そのまま事実であるかのように認めて、天皇の祖先である皇祖皇宗が建国し、道徳もつくったといっています。日本人は天皇の祖先が打ち立てた道徳を守って生きてきた立派な国民だ、それは忠と孝の道徳で、何かあれば天皇のために死ぬ覚悟で尽くさないといけない、「一旦緩急あれば義勇公に奉じ」というわけです。そういう血でつながった一つの民族、一つの国家であるという観念ですね。

これは、戦前の家父長制の家族制度とも結びついています。家をいわば小さい国と考え、家長である父親が絶対的な存在としてある。逆に言うと、国は大きな家で、天皇はそのお父様だと考える。家父長制の家族制度というものをそのまま国の大きさまで広げてしまうわけです。そういう観念、そういう考え方で国づくりをしようとした。家族国家観です。血でつながっているという考え方です。国というものが血縁共同体だという考え方が非常に強いと思うんです。

これは明治二〇年代から植え付けられてきた考え方ですが、これをがっちりと植え付けられた人たちがいて、その人たちが一九四五年の敗戦をうけてもその観念を清算できなかったと思うんです。〝国体は護持された〟という言葉がありますけれど、天皇の位置づけは戦後、がらっと変わったはずなんです。この国を統治するわけでもないし統治権の総覧者でもない。象徴として、国民の総意に基づく地位なんだとされました。主権在民、国民主権のもとで、天皇の位置づけはまったく変わり、国体は護持されていないんです。大日本帝国憲法の天皇と日本国憲法の天皇とはまるで違う存在になっている。

ところが、天皇という存在が残ったので、国体は護持された、と是が非でも思いたい人たちがいて、それが執拗に日本国憲法の意味するところを消そうとしてきました。

この家父長制的考えというのは、たとえば、国籍法に長い間残っていました。父親が日本人でなければ、日本国籍を取れない。母親ではだめだという規定でした。ですから沖縄では無国籍のアメラジアンの子がたくさんいました。お母さんは日本国籍だけれどもお父さんはアメリカ人だとすると、アメリカで生まれれば、アメリカは出生地主義ですから、アメリカ人になれますけれども、日本は出生地主義ではなくて、父親が日本人でなければ日本人になれないとなっていました。だから、日本国籍をもらえない子どもがたくさんいたわけです。その後国籍法が改正されて今は、母親が日本人の場合も日本国籍が取れることになっていますので、血統主義は維持しているけれども、父親でなければいけないという家父長制的な考え方の残滓はなくなったと思います。

しかし、戦後も長い間、父親が日本人でなければだめだという考え方が維持されてきたわけで、家父長制の家制度のような考えが生活の隅々に残っていたんだと思うんです。そしてそういう家族国家観は、どうも今の権力層、政権を握っている人たちの間に非常に色濃く残っているのではないかと思います。

もう戦後三代目ですから、どうしてそういう戦前的な考え方が残っているか、不思議と言えば不思議です。どうやってこんなものが維持されてきたのか。私は、支配層の閉じた世界の中でずっと育まれてきて、残ってきたのではないかと思っています。日本会議ができたり、あるいは青年会議所という、今は完全な右翼団体になっていますが、そういう団体が出てくる背景にそれがあるのではないでしょうか。この前、私の中学校での授業に文句をつけた池田佳隆さんという人も青年会議所の会頭でした。

そういう血でつながった日本民族という考え方に立つと、血のつながらない他民族はよそ者であり、排除すべき対象であり、この国でいっしょに生きる仲間にはなれない、ということになります。教育勅語の思想というのは国と血縁共同体とを一体化して考えます。在日朝鮮・韓国人差別の問題は、私はそれが一番根っこにあるんじゃないかと思います。そういうものに寄りかかって、他の民族の人たちを排除したり蔑視したりする。これは逆にいうと、日本国憲法が言っている個としての自立とか、個人の尊厳というアイデンティティーとか、そういうものを持てない人たちが、少なからずいるということです。民族というアイデンティティーによりかからないと自分が自分であるという立ち位置がとれない、日本民族の一員だとか、日本国の一員だということでしか自分をとらえることができない。言ってみれば主体性のない人間、そういう人たちがこういうものによりかかっていくんだろうと思います。

そうすると、世の中が不安であれば不安であるほど、あるいは何かしら人生に不満があればあるほど、民族とか国家といった大きな架空の権威のようなものにすがろうとするんじゃないでしょうか。そういう人間の心理というのはあると思うんです。民族差別をする人たちは、自分たちがなんらか社会の中で周辺部分に置かれているというか、何かしら社会から排除されている感じを持っている人たちが多いという気がします。

もちろんそうじゃない人もいます。今の政権中枢にいる人たちは、むしろ排除する側にいるわけですけれども、この人たちはそれをあおっている。私は朝鮮高校に関わるこの五年間ぐらいの経緯を考えると、「官製ヘイト」と言っていいと思います。国は先頭に立ってヘイト行為をしている。きわめて情けない状態です。根っこにそういう民族主義、国粋主義、あるいは民族の優秀性みたいなものに寄りかかって自分たちのアイデンティティーを持ちたいという願望があるんじゃないかという気がします。

朝鮮学校差別が外国人学校差別に

高　そういう意識が根底にあるから、一連の北朝鮮、韓国問題、ちょっとしたことでも過剰に反応してしまうというわけですね。よくわかります。しかし、そのことによって日本は逆に自分の国の首をしめているという感じもします。私は朝鮮学校の問題を考えるためにほかの外国人学校とか、インターナショナルスクールとかを取材して回ったのですが、みんな苦労しています。とくにお金の問題では、財政支援がないものですから、維持が非常に大変です。その根幹をたどると、政府が主に朝鮮学校を差別する目的で一連の制度をつくったため、外国人学校全体を差別する結末を招いた実態が見えてきます。例えば、日本からすると欧米系の学校は差別したくないはずだけれども、そういうところも朝鮮学校と同じような各種学校の資格しかないということになっています。そのために、外国人が日本に長期出張で来るときは子どもの教育の問題でためらうという話をしばしば聞きました。朝鮮学校に限らず、外国人学校全体を差別することになって、日本の発展にものすごく足かせになっていると私は感じているんですが、その点、今後のビジョンという面でいかがでしょうか。

前川　そうですね。私が記憶しているのはブラジル人学校なんですけど、リーマンショックで日系ブラジル人で定住権を持っている人たちが職を失うということが続出して、その子どもたちがブラジル人学校に行けなくなったということがありました。経済的に、授業料を払えなくなったのでブラジル人学校に行けない。そうするとブラジル人学校そのものが成り立たない、という事態が生じました。

そのためにやむなく日本の小中学校に転校するというケースが出てきました。本来なら、ブラジル人としてのアイデンティティーをもった教育を受けたかったのに、それができなくなった。しかし、日本人と同じ小中学校に転校したもののうまくなじめなく、授業にもついていけなくてドロップアウトしてしまうということが起きました。日本は、日本で暮らす外国人のための無償普通教育というものが保障されていないわけです。これには、憲法の書きぶりにも実は淵源があります。日本国憲法は、基本的人権の尊重の包括的な根拠条文である一三条はじめ「すべて国民は」と書いてあります。二六条の教育を受ける権利も、「すべて国民は、法律の定めるところにより、その能力に応じて、ひとしく教育を受ける権利を有する。すべて国民は、法律の定めるところにより、その保護する子女に普通教育を受けさせる義務を負ふ。義務教育は、これを無償とする。」こ

う書いてあります。

この「国民」の解釈について、多くの憲法学者は「国民は」と書いてあるけれども、これは人権規定なのだから、外国人にもできるかぎり適用するものだと言っています。しかし一部の憲法学者は、これは社会権規定、つまり国に対して一定の行為を求める規定であるから、教育を受ける権利という社会権を享受できる、とくに、無償の普通教育という義務教育を受ける権利というのは日本国籍を持っている国民にしか保障できない、という考え方をとっています。

しかし、国際人権規約や子どもの権利条約で、義務教育の無償化は国籍のいかんを問わず保障されなければならないことになっています。日本政府は、「小中学校に入ればいいんです。ここは無償で普通教育をやっていますから、どんな外国人であっても、日本の小中学校に入る権利はありますよ」と言って、それでおしまいにしてしまっています。それぞれの民族教育を行うことについては、それは勝手にやってくださいということで、無償の普通教育の範疇には入れないと考えているわけです。

これは、これから日本がどういう社会をめざすのかと考えると、果たしてこれでいいのかと思います。私は多文化共生社会、多民族共生社会を目指さざるを得ないと思っています。欧米はすでにたくさんの移民を受け入れて、多文化・多民族の共生する社会になっています。

私、一九八〇年代にイギリスに二年間、留学していたことがあります。その時に、クリスマスだったか、女王陛下のスピーチというのがありました。BBCで放送されるので、たまたまそれを聞いていたんです。そうしたら、エリザベス女王の口から「わが国は、マルチレイシャル・カントリーである」という言葉が出てきたので、「ほう」と思いました。女王がわが国は多人種国家であると言ったわけですよ。

それで思い出しのですが、今の天皇が、桓武天皇のお母様が百済の出身だったということにわざわざ言及されたことがありました。あれも、「ほう」と思いましたね。日本の場合はまだまだ欧米のような多人種・多民族・多文化の共生の社会にはなっていない。移民は要するに本格的に受け入れていないということがありますけれども、私は移民は本格的な受け入れをせざるを得なくなっていると思います。

経済団体からは、外国から労働力の移入が必要であるという声が高まってます。しかしこれは経済界の論理だけであって、単なる労働者として受け入れるというのは間違いだと思います。人間は単なる労働力ではないのですから。外国人を人間として受け入れるということを考えなければいけない。そのために仲間になっていっしょに仕事をするということを考えるべきであって、単なる労働力として受け入れて、仕事が終わったら帰れというような政策は取ってはいけないと思うんです。

ダブル・アイデンティティーの尊重

前川　日本はそういう移民政策をいずれ本格的にとらなければいけなくなるだろうし、その際に、多文化多民族共生社会をめざさざるを得ないと思います。その時に母語であるとか、母文化とか、元々の民族性とか民族教育というものを残すということが非常に重要な教育の一部になっていきます。

今でもフィリピンにルーツのある子どもたちがずいぶん日本の学校に学んでいますけれど、子どもはどんどん日本語を覚え、学校にもなじんで友達もできて、いいんですけど、一方で自分の元々の言葉を忘れてしまう。タガログ語を忘れてしまう。そうすると、何が起こるかというと、家族の中でコミュニケーションがとれなくなる。これは非常に不幸なことで、家族の中でお父さん、お母さんと子どもたちの間の言葉が通じなくなる。こういうことは何とか防がなくてはいけないと思うんですけど、日本の学校教育の場合、日本語教育をすることで手一杯で、それだってまったく不十分でアップアップしている。子どもたちの母語を維持するための教育なんてところまで全く手が回っていない。

そういうことを考えなければいけない時期になっていると思うんです。こういうダブルアイデンティティーという考え方、一つではないダブル、あるいはトリプルかもしれない。複数のアイデンティティー、民族的・文化的アイデンティティーを持っている存在。そういう人を積極的に認めていく。そのアイデンティティーをちゃんと維持できるような教育というのを、私はこれから目指していく必要があるのではないかと思うんです。

そういうことができないと、多文化・多民族の共生社会というのができないし、むしろダブル・アイデンティティーを持っている人たちがたくさんいればいるほど、多文化共生ができると思うんです。つまり文化と文化、民族と民族の橋渡しができる人たちがたくさんいる、こっちだけではなくて両方に足をかけているダブル・アイデンティティーはすばらしいことで、そういう人たちがたくさんできれば、いい社会になっていくと思うんです。

そういう社会をつくるためには、ダブル・アイデンティティーを大事にするような教育制度をとらなければいけない。いろんなアイデンティティーをそれぞれ保障するような教育、それを全部、憲法の下で無償普通教育として認めていく。これは今後目指すべき方向だと思うんですけど、今の政権は真逆ですね。むしろ、国家主義、民族主義の方向に、いわば日本人至上主義的な方向に持っていこうとしています。そのような方向で教育を持っていくと、アメリカで起きている白人至上主義みたいな、それに類する日本人至上主義みたいな、そういう恐るべきことが日本でも起こるんじゃないか。すでに起こっていますね。ヘイトなんていうのはまさにそういうことです。ヘイトスピーチ、ヘイトクライムがもっと大規模に起こってくるのではないか。いろいろな異なった文化的な背景を持った人たちに対して、あっちでもこっちでも、ヘイトスピーチ、ヘイトクライムが起こって、社会が非常に不安定化するんじゃないかなという気がします。

私は、純血日本人主義を維持しようとすると、一千年後には日本民族は滅亡すると思っているんです。これは私の計算なんですけれど、日本人で今生まれている赤ちゃんは一〇〇万人を切っています。そのうち三パーセントぐらいはすでに外国人にルーツを持っている子どもだと言われていますけれど、ともあれ今の出生率がそのまま続くとすると、五〇年で新生児の数は半減すると言われています。ということは一〇〇年で四分の一になる。これを一〇回くり返すと一〇〇万分の一になります。つまり一千年後には、今一〇〇万人生まれている子どもが一〇〇万分の一、つまり一人しか生まれないことになり、日本民族は消滅することになってしまいます。

もともと日本列島にはいろいろなところから、いろいろな人たちが流れ着いてきたのです。ユーラシア大陸の一番東、言ってみればデッドエンドですから、いろいろな人種の人たちがここにたどり着いて暮らすようになったわけですよ。もともと混じっているのが日本人です。その中には朝鮮半島を通ってきた人たちだってたくさんいる。つまり純血日本人なんてものは玉ねぎみたいなもので、むいていけば最後に芯はなくなるんです。

架空の純血主義みたいなものに寄りかかる考え方が間違っていると思うんですね。民族の一体性というようなものに寄りかかるような考え方は二一世紀にはとれない考え方だと思います。そういうものに戻ろうとする人たちがいるから困るんです。しかもその人たちが政権を握っているから、非常に問題なんです。私は、さまざまな民族教育も義務教育として無償の対象として認めていくという方策を考えなければいけないと思います。

「友達に国境はない」がおかしい？

小山　文科省はかなり復古的というか、民族主義的な色合いが濃いところのような気がしていたんですけれど、その中で前川さんのような考えを持っていて次官にまでなったというのは驚きですね。在日のデモなんかにも参加されているわけでしょう。日本の官僚制度もなかなかのものですね。

前川　でも、文科省の中では私は突然変異なんですよ。私は、私が正常で当たり前のことを考えていると思っているんですけれど、文科省の中で私のような考えを持っている人間は少ないかもしれませんね。文科省というのは、戦後長い間、そういった右のほうの人たちからの圧力をずっと受け続け、組織全体が右寄りになっていることは間違いないんですね。

私の場合は、文科省に入る時から、「ここは右の組織だけれど、でも自分は左だ」と思っていました。よく三八年も面従腹背を続けられたものだと思います。それでこんな思想の持ち主であるにもかかわらず、事務次官になってしまったということなんですけど、こういう人間がそうたくさんいるわけではないんです。もっといなければおかしいけど。

小山 文科省が前川さんの授業について市の教育委員会に問い合わせたのも自民党の圧力があったからですね。後輩がそういうことをやるというのは心外でしょうね。

前川 感じるのは同情と落胆ですね。圧力をかけてきたのは、赤池誠章さんという自民党の文部科学部会長と、部会長代理の池田佳隆さん、つまり部会のナンバーワンとナンバーツーです。この文部科学部会というのは非常に大事な存在なんですよ。予算であれ法案であれ、あるいは文科省が発表するさまざまな政策一般について、この部会の了承をもらわないと先へ進めないわけです。与党審査といって、与党のオーケーをもらわないと先に進めないという手続きがあります。赤池さん、池田さんのポストは、その与党審査の要なんです。ですから、彼らのことを忖度せざるを得ないし、彼らのご機嫌を損ねるわけにいかない。しかもこの二人は非常に偏った思想の持ち主です。偏ったといっても、今の自民党は全体が偏ってしまっていますから、自民党の中では当たり前みたいになってしまっています。

しかし、昔の自民党はもっと多様性がありました。護憲派もいたし、軍縮派もいた。いろんな人がいたはずなのに、今の自民党はずうっと右に寄ってしまっています。赤池さんにしても、池田さんにしても、いわゆるアベ・チルドレンで、申し上げたような教育勅語の世界に戻ろうとするような考えを持っている人で、国家が第一、個人の尊厳なんてものはなくていいんだみたいな、国家の一員として存在することに人間は意義があるみたいなことを言います。ちびまる子ちゃんのキャッチコピーにまで文句つけるくらいです。

小山　どういうことですか。

前川　ちびまる子ちゃんの映画で、「友達に国境はない」というキャッチコピーがあったんです。これに、赤池さんが噛みついたんです。「国際社会は国益と国益がぶつかり合う、勝つか負けるかの世界なんだ。そこに国境はないなんていう言い方はない。そんなコスモポリタンではいけないんだ。国家というものが大事なんだ」と、国境はあるというわけです。

このちびまる子ちゃんの映画は、文科省がタイアップしたものなんですよ。国際理解教育を進めていきましょうという観点でタイアップしたんです。「友達に国境はない」というのは、国の違いを越えて、交流しましょう、友達になりましょうという当たり前のことです。文科省は昔から国際理解は大事だと言っているし、国境を越えた友情を育むというのは大切なことだと言ってきました。それを、「友達に国境はないというキャッチコピーはいかん、友達に国境は厳然としてあるんだ」と言ってくる。ゴチゴチの民族主義、国家主義者ですね。

そういう人たちが中枢のポストにいるもんですから、文科省もある程度言うことを聞かざるを得ないというところがあるんですけれど、今回のように国会議員に言われて、そのままそれを学校現場に質問状として送りつけるという行為はやってはいけないことです。教育行政というのは自ずから限度があって、個々の学校の授業に口を出すようなことはしてはいけない。教育の自主性は尊重するという前提で教育行政ができているんです。

教育基本法が二〇〇六年に「改正」されました。さっき朝鮮学校について申し上げた「不当な支配」というところですが、これは四七年基本法にもあって変えることは出来なかったんです。今回の自民党の国会議員の行為は「不当な支配」にあたると思います。この人たちは学校の授業内容に口を出した、そのことが「不当な支配」であって、たとえば文科省がきちんと議論し、学習指導要領をつくって、これを守ってくださいというのであれば、これは不当ということにはならないと思います。法律に基づいて、きちんとしたプロセスを経て国の基準としてつくりましたというならいい。しかし何の権限もない国会議員、政治家が、文科省をつついて、学校の現場に対して「これはおかしいじゃないか」というようなことを言うというのは、不当ですね。正当性がないです。赤池さんや池田さんの行為、その圧力に負けて行った文部科学省の行為、これはいずれも教育基本法一六条で禁じられている「不当な支配」に当たると私は思っています。

小山　前川さんが行く先々の行動にまで目をつけられて、いろいろ言われるのは、やはり政権から一番いやがられている存在、困る存在ということでしょうね。本当のことを官僚の事務方トップだった人間が言うのだから。チェックはもっと上のほうからも来ているんじゃないですか。

前川　わかりませんね。今は私も自由に行動していますけど、しかし、国の情報収集力というのはたしかにありますね。私の全く個人的な行動をつかんで、それをメディアを使ってスキャンダル化しようとしたわけですから。それで人を脅して、人格を貶め、歪めようとする。こういうことが私に起こったということはほかの人にも起こっているんじゃないかという思いを持ちますね。そうやって人を操縦するようなことを政治権力がやっているのだとすると、これは恐ろしいことです。今の政府はだいぶおかしなところまでいっていると思います。そうやって政治権力の言いなりになるメディアについては、メディア関係者の中で自浄作用が働かないとまずいと思います。

高　今日は長時間ありがとうございました。

（二〇一八年四月一日）

＊このインタビューは、朝鮮学校の歴史と現状を描くドキュメンタリー映画制作の一環として行われたもので、高賛侑氏のほか小山帥人氏（映像ジャーナリスト）、松林展也氏（映像記録）が取材に当たった。

大阪地方裁判所第二民事部（西田隆裕裁判長）の判決（二〇一七・七・二八）の概要

一　原告学園と被告国とで争われた争点は多岐に及ぶが、大阪地裁は、次の争点一及び二、八を中心に判断した。

二　本件規定（省令ハ）削除の違法性の有無について（争点一）

（一）法の趣旨・目的は、経済的負担の軽減を図り、もって後期中等教育段階における教育の機会均等に寄与することを目的とする。対象範囲をどのように定めるかについては、専門的、技術的な観点からの一定の裁量権が認められるものの、省令の制定は、委任の趣旨を逸脱しない範囲内においてのみ許されるとし、「高等学校の課程に類する課程を置く」各種学校を適用対象とする。

（二）省令ハ削除が委任の趣旨を逸脱しているか否か

「支給法二条一項五号は、国の財政的負担において教育を実施することが後期中等教育段階における教育の機会均等の確保の見地から妥当と認められる各種学校の範囲の確定を文部科学省令に委任しているにもかかわらず、下村文科大臣は、後期中等教育段階の教育の機会均等の確保とは無関係な外交的、政治的判断に基づいて本件省令を制定（改訂）して本件規定を削除したものというべきであるから、下村文科大臣が本件省令を制定（改訂）して本件規定を削除したことは同号による委任の趣旨を逸脱するものとして違法、無効と解すべきである。」

三　原告の本件規程一三条適合性について（争点二）

裁判所は、省令（イ）（ロ）は、一定の類型の各種学校であり、省令（ハ）は、「文科大臣が定めるところにより……指定したもの」で包括的規定であるとし、「各種学校の個別具体的な事情を踏まえた教育上の観点から専門的、技術的検討を要するから、その検討をすることができる文科大臣の指定に基づくとともに、基準設定も大臣に委任しており、指定基準は、規定（省令）の委任の趣旨を逸脱しない範囲において、文科大臣に一定の裁量権が認められる。」とした。そして、規程一三条の①就学支援金を生徒等の授業料に係る債権の弁済に確実に充当すること、②法令に基づく適正な学校運営が行われていることの基準は、いずれも合理性が認められ、遵守すべき法令には各種学校に適用される教育関係法令が全て含まれ、教育基本法一六条一項も含まれるとした。

四　大阪朝鮮高級学校の規程一三条適合性について

（一）指定を受けると設置者は就学支援金を収受することができる地位を取得することになり、この性質から、規程一三条の要件該当性については原告が主張立証責任を負うとし、原告は、財務諸表等作成、理事会等開催、大阪府知事の立入検査においても法令違反の行政処分等を行わなかったと主張立証している。大阪朝鮮高級学校については、他に規程一三条適合性に疑念を生じさせる特段の事情のない限り、同上適合性は認められるというべきであるとした。

（二）国は、教育基本法一六条一項の「不当な支配」の有無について、文科大臣に裁量があることを前提に疑念が生じると判断し、「認めるに至らない」とした裁量権の逸脱・濫用はないと主張する。そこで、国が主張した国内外の新聞報道等による規程一三条①及び②の疑念に対しては、「特段の事情」の存否について判断すべきことになるとした。

「①債権の弁済に確実に充当されるか否かの判断に文科大臣の裁量が認められるか」

については、ア　文字が概括的抽象的なものではないこと、イ　財務状況、財産管理状況等に照らして客観的に認定され得るものであり、教育上の観点からの専門的、技術的判断を要するものでないこと、ウ　支給法は、生徒等の受給権として規定（一二条）しており、司法的救済の要請は高いというべきであるとして、文科大臣の裁量権が認められるものと解することはできないと判示した。

「②法令に基づく適正な運営―教育基本法一六条一項の「不当な支配」の有無の判断に文科大臣の裁量が認められるか」については、教育への関与等の行為が同項「不当な支配」に該当するか否かは、教育の自主性を侵害するものか否かによって客観的に判断され得るものであり、必ずしも教育上の観点から専門的、技術的判断を要するものではない。また、旧教育基本法及び教育基本法は、戦前の我が国の教育が国家による強い支配下で形式的、画一的に流れ、時に軍国主義的又は極端な国家主義的傾向を帯びる面があったことに対する反省により制定されたものであり、教育に対する権力的介入、特に行政権力による介入を警戒し、これに対して抑制的態度を表明したものと解されるところ（最判／昭五一・五・二一）、この判断が文科大臣の裁量に委ねられるべきものとすることは、裁量的判断を通じて教育に対する行政権力による過度の介入を容認することになりかねず、同項の趣旨に反することになり、同項「不当な支配」の有無についても文部科学大臣の裁量権が認められるものと解することはできないと判示した。

そして、規程一三条①及び②の疑念について「特段の事情」が認められるか否かを検討するとして、認定事実の疑念に関する事実を個別、具体的にすべて判断した。また、全国一〇校の朝鮮高級学校について、全国の朝鮮学校の運営は、学校法人ごとの個別に行われていると推認されるから、「他の学校の運営状況をもって直ちに大阪朝鮮高級学校の運営状況が推認されるものではない。」とした。

国が主張する公安調査庁作成の「回顧と展望」等の記述等については、次の通りの判断を行った。「朝鮮学校では、北朝鮮の指導者に敬愛の念を抱き北朝鮮の国家理念を賛美する内容の教育が行われており、この教育に朝鮮総聯が一定程度関与していることが認められる。しかし、朝鮮総聯は、第二次世界大戦後の我が国における在日朝鮮人の自主的民族教育が様々な困難に遭遇する中、在日朝鮮人の民族教育の実施を目的の一つとして結成され、朝鮮学校の建設や学校認可手続などを進めてきたのであり、朝鮮総聯の協力の下、自主的民族教育施設として発展してきたということができる。このような歴史的事情に照らせば、朝鮮総聯が朝鮮学校の教育活動又は学校運営に何らかの関わりを有するとしても、両者の関連が我が国における在日朝鮮人の民族教育の維持発展を目的とした協力関係である可能性は否定できず、両者の関係が適正を欠くものと直ちに推認することはできない。

朝鮮高級学校は、在日朝鮮人子女に対しての民族教育を行うことを目的の一つとする外国人学校であるところ、母国語と、母国の歴史及び文化についての教育は、民族教育にとって重要な意義を有し、民族的自覚及び民族的自尊心を醸成する上で基本的な教育というべきである。朝鮮高級学校が、朝鮮語による授業を行い、北朝鮮の視座から歴史的、社会的、地理的事象を教えるとともに、北朝鮮を建国し、現在まで統治してきた北朝鮮の指導者や北朝鮮の国家概念を肯定的に評価することも、朝鮮高級学校の上記教育目的それ自体には沿うものということができ、朝鮮高級学校が北朝鮮や朝鮮総聯からの不当な支配により、自主性を失い、上記のような教育を余儀なくされているとは直ちに認め難い。他方、大阪朝鮮高級学校は、学習指導要領に示されている教科及び特別活動を概ね実施し、使用している教科書に我が国や国際社会における一般的認識及び政府見解とは異なる内容の記述がある場合には、補助教材を使用するなどしてそれらをも併せ教えるようにしており」とし、日本の大学進学、部活動、支援室の実地調査（現代朝鮮歴史等の授業）も懸念の様子はなく、大阪府のワーキング調査結果でも、教え込むことを強制している指摘はないとして、本件においては、特段の事情があるとは認められないというべきであるから、本件規程一三条の要件を満たすと判示した。

五　本件規定（省令ハ）に基づく指定の可否について（争点八）

大阪地裁は、指定の義務付けについて、「本件不指定処分時において大阪朝鮮高級学校は規程一三条の要件を充たしており、その余の要件も充たす。本件不指定処分後の事情に関して特段の主張立証のない現時点において、指定をしないことは裁量権の範囲を逸脱またはこれ濫用したことになる」と判示した。

あとがきに代えて

今回私が対談させていただいた方々のうち、堀尾輝久さん、高賛侑さん、山田洋次さんの三人は、これまで全く面識のなかった方だ。より正確に言えば、こちらは存じ上げていても、あちらは私をご存じなかったという方だ。もともと多少のお付き合いのあった木村泰子さん、山本健慈さんとも、ここまで突っ込んだお話をさせていただく機会はこれまでなかった。二〇一七年一月に文部科学省を退官して以来、さまざまな出会いがあり、交友関係も大きく変わったのだが、今回対談させていただいた五人の方々も、私の新しい交友録に載せられることをとてもうれしく思う。

これらの対談の中で、私が一貫して考えていたことは、人間にとって学ぶことの意味、自分らしく生きることの大切さ、個人の尊厳を大事にする多様性のある社会の必要性、そしてそれらを圧殺しようとする権力の危険性といったことだ。すべての人が人間らしく、自分らしく生きることのできる社会を、どうしたらつくっていけるのかということだ。

対談させていただいた五人の方々は、それぞれに私と共通の課題意識を持って仕事をされてきた方々だ。私自身は文部科学省という組織の中で、十分な仕事ができたとは思っていないが、対談者の方々はそれぞれの持ち場で素晴らしい仕事をしてこられた。私自身、対談の中から多くのことを学ばせていただいた。これらの対談者の方々には、改めて深くお礼を申し上げたい。

本の泉社の新舩海三郎さんには、対談者とお引き合わせいただいたり、対談を文章化していただくなど、大変お世話になった。なお、本書のタイトル「前川喜平が語る、考える。」は、新舩さんが考えたものであって、私自身が考えたものではないことを付け加えておく。この（やや恥ずかしい）タイトルの考案も含め、新舩さんには厚くお礼を申し上げたい。

二〇一八年八月　前川喜平

前川喜平が語る、考える。

学ぶことと育つこと、在日とアイデンティティー、あなたと私。

2018年９月19日　初版第１刷発行
発行者　　新舩海三郎
発行所　　株式会社 本の泉社
　　　　　〒113-0033 東京都文京区本郷2-25-6
　　　　　TEL. 03-5800-8494　FAX. 03-5800-5353
印　刷　　音羽印刷 株式会社
製　本　　株式会社 村上製本
ＤＴＰ　　木椋隆夫

ISBN978-4-7807-1906-2　C0036